キムチ❷

韓国語初中級

山崎玲美奈

朝日出版社

━━━ 『キムチ2 韓国語初中級』HP ━━━

https://text.asahipress.com/text-web/
korean/kimchisyocyukyu/index.html

『キムチ2 韓国語初中級』HP の使い方

🌶 **音声**

テキストの音声はこちらから。

🌶 **Quizlet（単語学習)**

各課の単語はこれで復習！
ゲーム感覚で楽しく学べます。

🌶 **解説動画**

予習・復習にぴったり！
いつでも気軽に学習ができます。

🌶 **単語の索引**

このテキストに出てくる単語が確認できます。

🌶 上記内容は、予告なく変更する場合がございます。あらかじめご了承ください。

装丁・イラスト　小熊未央

はじめに

　この教科書は、ゼロから韓国語の学習をはじめた方の次のステップを応援する、初中級のテキストです。本文に登場するキャラクターのペチュ（白菜）とオイ（きゅうり）、そして今回新たに登場するム（大根）。この3人（？）と、様々なことをレクチャーしてくれるとうがらし先生と一緒に学んでいきます（今回からマヌル（にんにく）も一応います）。ペチュとオイ、ムは、立派なキムチになることを夢見ています。本書で共に学んでいく方々と一緒に成長していってくれますように。

🌶 なぜキムチ？
日本人に馴染みのある韓国のものといえば、ビビンバ、チーズタッカルビなどがありますが、その代表格としてキムチが挙げられるでしょう。本書を通して、韓国語に漬かっていってくれますように！そんな願いを込めて本書はつくられました。

　本書は全12課で構成されており、1課から12課で文を作ってコミュニケーションをすることができるようになるための内容について見ていきます。選択問題で適切な形を選んだり、空欄を穴埋めしたりしながら練習し、ゆっくりしたペースで進みます。本書が終わるころには、韓国語のあいさつやコミュニケーションに必要な、最小限ながら必ず助けになってくれる基本的な知識について知ることができるように構成されています。

本書の特徴

🌶 短いフレーズで文法を知る

🌶 1課でみる文法は、基本的には3つまでにする
　　活用の仕方が同じものを極力同じ課に来るようにしてあるので、
　　各課ごとの活用の混乱や負担が最小限になるようにしてある

🌶 課の内容は、その課の「まとめドリル」で復習したり確認したりすることができる

🌶 選択式と穴埋め問題、書き込み式の練習問題で徐々にできることを増やしていく

🌶 その課の最後のページに、単語をまとめて提示

🌶 単語はQuizletを利用してスマホやタブレットなどからでも学習可能

🌶 助詞、不規則活用については、巻末にまとめて提示

🌶 音声はダウンロードもできるので、いつでもどこでも気軽に聴くことができる

　この『キムチ2』というちょっと風変わりかもしれない一冊で、「韓国語をもうちょっとだけやってみようかな」というような皆さんと、最後のページまでご一緒することができたら嬉しいです。

山崎玲美奈

目　次

ペチュ（白菜）とオイ（きゅうり）が手に持っているピカピカのとうがらしは、レベルアップのしるし！入門編を乗り切ったしるしとしてとうがらし先生からもらったよ。

 単語の索引はこちら ➡

https://text.asahipress.com/text-web/korean/kimchisyocyukyu/index.html

1課 ～します・～です(해요体)、～しました・～でした(過去形)、位置名詞

この課のタスク

❶ 「読みます」や「多いです」などの、用言(動詞や形容詞など)の「～します・～です」という表現ができる。

❷ 「行きました」などのような「～しました・～でした」という해요体の過去の表現ができる。

❸ 上下左右などの、位置名詞がわかる。

♪ 2

이거, 아주 맛있어요.
어디서 샀어요?

배추

これ、とてもおいしいです。
どこで買ったのですか?

오이

역 앞에서 샀어요.
마트가 있어요.

駅前で買いました。
大型スーパーがあります。

마트 は大型のスーパーのことですぞ～

へ～!

ここが
Point!

「～します・～です」という表現と、「～しました・～でした」という過去の表現の作り方は共通しています。
この1課は『キムチ1』で学んだ重要ポイントの復習です。

1-1 ～します・～です（해요체）

해요체は、日本語で言う「です・ます体」のことです。韓国語には、この「です・ます体」に해요체と합니다体という２つがあります。ここでは、そのうちの해요체について見ていきましょう。「読みます」や「多いです」など用言（動詞や形容詞など）の「～します・～です」という表現の作り方は、次のようになります。

手順1	用言の基本形から、最後の다を取る

→ この形を語幹といいます

手順2

語幹（手順１の形）の最後がパッチム 有り の場合で

① 語幹の最後の母音が ㅏ , ㅗ , ㅑ ➡ 語幹の後ろに 아요 をつける

② 語幹の最後の母音が ㅏ , ㅗ , ㅑ 以外 ➡ 語幹の後ろに 어요 をつける

語幹の最後がパッチム 無し の場合で

③ 語幹の最後の母音が ㅏ , ㅓ , ㅕ , ㅐ , ㅔ ➡ 語幹と同じ形に 요 をつける

④ 語幹の最後の母音が ㅗ , ㅜ , ㅣ , ㅚ ➡ それぞれの母音を ㅘ , ㅝ , ㅕ , ㅙ にしてから 요 をつける

⑤ 하다 がつく用言 ➡ 하 の部分を 해 にしてから 요 をつける

例
① 살다　住む　→ 살　　　＋ 아요 ＝ 살아요　住みます
② 먹다　食べる　→ 먹　　　＋ 어요 ＝ 먹어요　食べます
③ 나가다　出る、出かける　→ 나가　　　＋ 요 ＝ 나가요　出ます
④ 보다　見る　→ 보 → 봐 ＋ 요 ＝ 봐요　見ます
⑤ 출발하다　出発する　→ 출발하 → 해 ＋ 요 ＝ 출발해요　出発します

文末の「.」を「?」に変えると疑問文になりますよ〜

イントネーションや文脈によって、勧誘や命令をあらわすこともできます。

練習 次の単語につけるのに適切なものに○をつけましょう。

① 입다 着る　입[아요 / 어요] 着ます

② 만들다 作る　만들[아요 / 어요] 作ります

③ 괜찮다 大丈夫だ　괜찮[아요 / 어요] 大丈夫です

④ 맛있다 おいしい　맛있[아요 / 어요] おいしいです

1-2　〜しました・〜でした（해요체の過去形）

「行きました」のような「〜しました・〜でした」という해요체の過去形の作り方は、次のようになります。

手順1　用言の基本形から、最後の다を取る　　**この形を語幹といいます**

手順2

語幹の最後がパッチム **有り** の場合で

① 語幹の最後の母音が ㅏ , ㅗ , ㅑ　➡　語幹の後ろに 았어요 をつける

② 語幹の最後の母音が ㅏ , ㅗ , ㅑ 以外　➡　語幹の後ろに 었어요 をつける

語幹の最後がパッチム **無し** の場合で

③ 語幹の最後の母音が ㅏ , ㅓ , ㅕ , ㅐ , ㅔ　➡　語幹と同じ形に ㅆ어요 をつける

④ 語幹の最後の母音が ㅗ , ㅜ , ㅣ , ㅚ　➡　それぞれの母音を ㅘ , ㅝ , ㅕ , ㅙ にしてから ㅆ어요 をつける

⑤ 하다がつく用言　➡　하 の部分を 해 にしてから ㅆ어요 をつける

例
① 살다	住む	→ 살	+ 았어요	=	살았어요	住みました
② 먹다	食べる	→ 먹	+ 었어요	=	먹었어요	食べました
③ 나가다	出る、出かける	→ 나가	+ ㅆ어요	=	나갔어요	出ました
④ 보다	見る	→ 보	→ 봐 + ㅆ어요	=	봤어요	見ました
⑤ 출발하다	出発する	→ 출발하	→ 해 + ㅆ어요	=	출발했어요	出発しました

文末の「.」を「?」に変えると疑問文になりますよ〜

 練習　次の単語につけるのに適切なものに○をつけましょう。

① **입다**　着る　　입[았어요 / 었어요]　　着ました

② **만들다**　作る　　만들[았어요 / 었어요]　　作りました

③ **괜찮다**　大丈夫だ　　괜찮[았어요 / 었어요]　　大丈夫でした

④ **맛있다**　おいしい　　맛있[았어요 / 었어요]　　おいしかったです

1-3　位置名詞

上下左右などのような位置を表す言葉を見ていきましょう。

앞	前	⟷	뒤	後ろ
위	上	⟷	아래 / 밑	下
왼쪽	左（側）	⟷	오른쪽	右（側）
옆	横、隣			
밖	外	⟷	안 / 속	中
사이	間			

「家の前」という場合でも、位置を表す言葉の前には「〜の」の部分は入れなくて構いません。

 1　日本語文の下線部分にあたる表現を [　] に書き込みましょう。

① 역 [　　　]에 있어요.　駅の後ろにあります。

② [　　　]에 누가 있어요?　隣に誰がいますか？

③ [　　　]에 사람이 없어요.　前に人がいません。

④ 화장실은 출입구 [　　　]에 있어요.　トイレは出入口の左側にあります。

 2　次の文を訳しましょう。

単語は、各課の最後にあるよ

① 外にいますか？

② 学校の前に何がありますか？

③ 後ろには誰もいません。

④ コンビニの横にあります。

まとめ ドリル ♪ 6

1 次の単語につけるのに適切なものに○をつけましょう。

① 재미있다　おもしろい　　재미있[아요 / 어요] おもしろいです

② 많다　多い　　많[아요 / 어요]　　多いです

③ 맞다　合う　　맞[아요 / 어요]　　合います、合っています

④ 찍다　撮る　　찍[았어요 / 었어요] 撮りました

⑤ 살다　住む　　살[았어요 / 었어요] 住みました

2 日本語文の下線部分にあたる表現を [　　] に書き込みましょう。

① 도서관은 저 건물 [　　　]에 [　　　　　].

図書館はあの建物の前にあります。

② 아까는 [　　　]에 [　　　　　　].

さっきは横にありました。

③ 오전에 한국어 시험을 [　　　　　　].

午前に韓国語の試験を受けました。

④ 오늘은 기분이 [　　　　　　].

今日は気分が良いです。

⑤ 어떻게 [　　　　　　]?

どうやって作りますか？

3 次の文を訳しましょう。

① カフェでコーヒーを飲みます。

② 駅前まで行きますか？

③ おいしかったですか？

④ ソウルで何しましたか？

⑤ 友達と一緒に来ました。

単語と表現

♪ 単語と表現は、日本語訳のアイウエオ順（五十音）
♪ 助詞の一覧は 74 ページ参照

맞다	合う	출발하다	出発する
저	あの	살다	住む
있다	ある、いる	하다	する
좋다	良い（いい）	서울	ソウル
가다	行く	괜찮다	大丈夫だ
같이	一緒に	건물	建物
역	駅	먹다	食べる
맛있다	おいしい	누가	誰が
많다	多い	아무도	誰も
마트	大型スーパー	만들다	作る
재미있다	おもしろい	출입구	出入口
사다	買う	나가다	出る、出かける
학교	学校	화장실	トイレ
카페	カフェ	어디서	どこで
한국어	韓国語（の）	도서관	図書館
기분	気分	아주	とても
오늘	今日	어떻게	どうやって、どのように、どう
입다	着る	친구	友達
오다	来る	찍다	撮る
커피	コーヒー	없다	ない、いない
오전	午前	뭐	何
이거	これ	마시다	飲む
편의점	コンビニ	사람	人
아까	さっき	보다	見る
시험을 보다	試験を受ける		

 고추先生からのおみやげ

♪ 8

単語学習は上の二次元バーコードから！

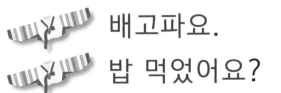 배고파요. お腹すきました。

밥 먹었어요? ご飯食べましたか？

「ご飯食べましたか？」はあいさつ代わりに使われる表現です。

「식사하셨어요？（お食事なさいましたか？）」とすると、より丁寧な表現になります。

〜ですね、〜ですよね・〜でしょう?、〜なんですよ

この課のタスク

① 「多いですね」や「おいしいですね」などの、「〜ですね」という表現ができる。

② 「おいしいですよね」などのような「〜ですよね・〜でしょう?」という表現ができる。

③ 「おいしいんですよ」などのような「〜なんですよ」という表現ができる。

이 노래, 좋네요!

この歌、良いですね!

배추

그렇죠!?
요즘 인기 있거든요.

무

そうですよね!?
最近、人気があるんですよ。

ここが
Point!

韓国の**편의점**(コンビニ)の商品棚を
よく見てみると、「1+1」という表記
があるかも。これは**원 플러스 원**
(ワンプラスワン)と言って、
1つ買うともうひとつ付いてくる!
何ともお得なサービスだぞ〜

この課で見ていく3つの表現
の作り方は共通しています。

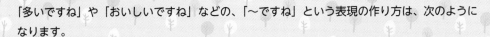

2-1 ～ですね

「多いですね」や「おいしいですね」などの、「～ですね」という表現の作り方は、次のようになります。

| 手順1 | 用言の基本形から、最後の**다**を取る | **この形を語幹といいます** |

| 手順2 | 語幹の後ろに **네요** をつける |

例 일어나다 起きる → 일어나 + 네요 = 일어나네요 起きるんですね
재미있다 おもしろい → 재미있 + 네요 = 재미있네요 おもしろいですね

> 만들다（作る）のように語幹が**ㄹ**で終わるものは、語幹の最後の**ㄹ**がなくなりますよ～

> この場合は、語幹の最後にパッチムがあってもなくても形は変わりません。
> 文末の「.」を「?」に変えると疑問文になります。

> 名詞の場合は、이다（～だ、である）を使って**이네요 / 네요**となります。

 練習 1 次の単語を、「～ですね」の形にしましょう。 🌶 ④は発音変化にも注意！

① **맛있다** おいしい　　　　　　　　　　　　　　おいしいですね

② **많다** 多い　　　　　　　　　　　　　　　　多いですね

③ **예쁘다** きれいだ、かわいい　　　　　　　　きれいですね、かわいいですね

④ **맵다** 辛い　　　　　　　　　　　　　　　　辛いですね

練習 2 次の文を訳しましょう。

① 人気があるんですね。

② とても暑いですね。

③ 背が高いですね。

④ ソウルの冬は寒いですね。

2-2 ～ですよね・～でしょう？

「おいしいですよね」などのような「～ですよね・～でしょう？」という表現の作り方は、次のようになります。

| 手順1 | 用言の基本形から、最後の다を取る | この形を語幹といいます |

| 手順2 | 語幹の後ろに 지요 / 죠 をつける | 죠は지요の縮約形です |

例 알다　知る、わかる　→　알　＋　지요 / 죠　＝　알지요 / 알죠　　知ってますよね

재미있다 おもしろい　→　재미있　＋　지요 / 죠　＝　재미있지요 / 재미있죠 おもしろいですよね

> 文末の「.」を「?」に変えると疑問文になります。

練習 1　次の単語を、죠を使って「～ですよね・～でしょう？」の形にしましょう。

① 맛있다　おいしい　　　　　　　　　　　　　　　　　　　おいしいですよね

② 많다　多い　　　　　　　　　　　　　　　　　　　　　多いですよね

③ 예쁘다　きれいだ、かわいい　　　　　　　　　　　　　きれいですよね、かわいいですよね

④ 맵다　辛い　　　　　　　　　　　　　　　　　　　　　辛いですよね

練習 2　次の文を訳しましょう。

① 人気があるんですよね。

② とても暑いですよね。

③ これじゃないですよね？

④ ソウルの冬は寒いですよね。

> 話し言葉では、
> 縮約形の죠が主に使われますよ～

2-3 〜なんですよ

「おいしいんですよ」などのような「〜なんですよ」という表現の作り方は、次のようになります。

手順1　用言の基本形から、最後の다を取る　**この形を語幹といいます**

手順2　語幹の後ろに 거든요 をつける

例　가다　行く　→　가　+　거든요　=　가거든요　行くんですよ

　　재미있다　おもしろい　→　재미있　+　거든요　=　재미있거든요　おもしろいんですよ

単語は、
各課の最後にあるよ

練習 1　次の単語を、「〜なんですよ」の形にしましょう。

① 맛있다　おいしい　　　　　　　　　　　　　　　　　おいしいんですよ

② 많다　多い　　　　　　　　　　　　　　　　　　　多いんですよ

③ 예쁘다　きれいだ、かわいい　　　　　　　　　　　きれいなんですよ、かわいいんですよ

④ 맵다　辛い　　　　　　　　　　　　　　　　　　　辛いんですよ

練習 2　次の文を訳しましょう。

① 人気があるんですよ。

② とても暑いんですよ。

③ これじゃないんですよ。

④ ソウルの冬は寒いんですよ。

1 次の単語を、日本語文に合わせて活用したものとして適切なものに○をつけましょう。

① 비싸다　(値段が) 高い　[비싸아 / 비싸]네요　高いですね

② 공부하다　勉強する　[공부하 / 공부해]거든요　勉強するんですよ

③ 타다　乗る　[타 / 타아]죠?　乗りますよね?

④ 먹다　食べる　[먹어 / 먹]네요　食べるんですね

⑤ 사다　買う　[사아 / 사]거든요　買うんですよ

2 【 】内の表現を使って、日本語文の下線部分にあたる表現を [　] に書き込みましょう。

① 이거 [　　　　　　　　].　これ、おいしいですね。　【네요】

② 매일 [　　　　　　　　].　毎日聞くんですよ。(聞いているんですよ)
　　　　　　　　　　　　　　　　　　　　　　　　　　　　　　【거든요】

③ 좀 [　　　　　　　　]?　ちょっと辛いですよね?　【죠?】

④ 연습을 많이 [　　　　　　　].　練習をたくさんするんですね。　【네요】

⑤ 아주 [　　　　　　　].　とても好きなんですね。　【네요】

3 次の文を訳しましょう。

① 本当に久しぶりですね。　【네요】
　...

② ここは人が多いですね。　【네요】
　...

③ 歌詞がとても良いですよね。　【죠】
　...

④ とてもかっこいいんです。　【거든요】
　...

⑤ 来月に旅行に行くんです。　【거든요】
　...

単語と表現 ♪14

🖊 単語と表現は、日本語訳のアイウエオ順（五十音）
🖊 助詞の一覧は 74 ページ参照

덥다	暑い	키가 크다	背が高い
좋다	良い（いい）	그렇다	そうだ
가다	行く	서울	ソウル（の）
노래	歌	- 이다	〜だ、である
맛있다	おいしい	비싸다	（値段が）高い
많다	多い	많이	たくさん
일어나다	起きる	먹다	食べる
재미있다	おもしろい	아니다	違う、〜ではない
사다	買う	좀	ちょっと
가사	歌詞	만들다	作る
멋있다	かっこいい	아주	とても、すごく
맵다	辛い	인기(가) 있다	人気がある
듣다	聞く	타다	乗る
예쁘다	きれいだ、かわいい	오래간만이다	久しぶりだ
여기	ここ	사람	人
이	この	겨울	冬
이거	これ	공부하다	勉強する
요즘	最近	정말로	本当に
춥다	寒い	매일	毎日
알다	知る、わかる	다음 달	来月
좋아하다	好きだ	여행을 가다	旅行に行く
하다	する	연습	練習

単語学習は上の二次元
バーコードから！

 ## 고추先生からのおみやげ   ♪15

잘 모르겠어요. よくわかりません。

알겠습니다. わかりました。

「わからない」は모르다、
「わかる」は알다です。

「わかりましたか？」は
알겠습니까？となります。

この課のタスク

① 「今聞いています」や「話しています」などの、「～しています」という現在進行形の表現ができる。

② 「書けません」などのような「～(することが)できません」という表現ができる。

③ 「無理しないでください」などのような「～しないでください」という表現ができる。

♪

16

> 요즘은 매일 단어 연습을 하고 있어요.
> 아직 단어를 쓰지 못해요.

배추

最近は、毎日単語の練習をしています。
まだ単語を書けません。

오이

> 그래요?
> 너무 무리하지 마세요.

そうなんですか。
あまり無理しないでください。

몸살 という韓国特有の表現がある。ものすごーく疲れている時や、だるい時、風邪気味の時などに使うぞ～

へ～!

ここが
Point!

この課で見ていく3つの表現の作り方は、2課で見たものとも共通しています。

3-1　〜しています①

「今聞いています」や「話しています」などの、「〜しています」という現在進行形の表現の作り方は、次のようになります。

| 手順1 | 用言の基本形から、最後の다を取る | この形を**語幹**といいます |

| 手順2 | 語幹の後ろに **고 있어요** をつける |

例　**연습하다** 練習する → **연습하** ＋ **고 있어요** ＝ **연습하고 있어요** 練習しています
　　듣다 聞く → **듣** ＋ **고 있어요** ＝ **듣고 있어요** 聞いています

例の듣고の部分は、［듣꼬］と発音しますよ〜（濃音化）

この場合は語幹の最後にパッチムがあってもなくても形は変わりません。
文末の「.」を「?」に変えると疑問文になります。

練習 1 次の単語を、「〜しています」の形にしましょう。

① **만들다** 作る　　　　　　　　　　　　　　作っています
② **쓰다** 書く　　　　　　　　　　　　　　　書いています
③ **먹다** 食べる　　　　　　　　　　　　　　食べています
④ **준비하다** 準備する　　　　　　　　　　　準備しています

練習 2 次の文を訳しましょう。

① 一生懸命やっていますか？（頑張っていますか？）

② 今、寝ています。

③ 友達と一緒に生放送を見ています。

④ 何を探していますか？

3-2 　～できません①

「書けません」などのような「～（することが）できません」という表現の作り方は、次のようになります。

| 手順1 | 用言の基本形から、最後の**다**を取る | この形を語幹といいます |

| 手順2 | 語幹の後ろに **지 못해요** をつける |

例　쓰다 書く　→　쓰　+　지 못해요　=　쓰지 못해요　書けません
　　잊다 忘れる　→　잊　+　지 못해요　=　잊지 못해요　忘れられません

文末の「.」を「?」に変えると疑問文になりますよ～

못해요の発音は、[모태요] となります。
（激音化）

練 習 1　次の単語を、「～できません」の形にしましょう。

① 가다　　行く　　　　　　　　　　　　　　　　　　行けません

② 먹다　　食べる　　　　　　　　　　　　　　　　　食べれません

③ 만들다　作る　　　　　　　　　　　　　　　　　　作れません

④ 출발하다　出発する　　　　　　　　　　　　　　　出発できません

練 習 2　次の文を訳しましょう。

① お酒は飲めません。

② ここでは運動できません。

③ なかなか覚えられません。

④ 朝早く起きられません。

3-3 〜しないでください

「無理しないでください」などのような「〜しないでください」という表現の作り方は、次のようになります。

| 手順1 | 用言の基本形から、最後の다を取る | この形を語幹といいます |
| 手順2 | 語幹の後ろに 지 마세요 をつける |

例 가다 行く → 가 + 지 마세요 = 가지 마세요 行かないでください
　 잊다 忘れる → 잊 + 지 마세요 = 잊지 마세요 忘れないでください

 잊지 마세요の잊지は [잊찌] と発音されます。(濃音化)

単語は、
各課の最後にあるよ

練習 1 次の単語を、「〜しないでください」の形にしましょう。

① 見ないでください。

② 食べないでください。

③ 来ないでください。

④ 探さないでください。

練習 2 次の文を訳しましょう。

① こんなところで寝ないでください。

② 次回も見逃さないでください。

③ 私を待たないでください。

④ このことは言わないでください。

17

まとめ ドリル ♪20

1 次の単語を、日本語文に合わせて活用したものとして適切なものに○をつけましょう。

① 걱정하다　心配する　　[걱정해 / 걱정하]지 마세요　心配しないでください

② 쉬다　休む　　[쉬 / 쉬어]지 못해요　休めません

③ 나가다　出る、出かける　[나가아 / 나가]지 마세요　出ないでください

④ 생각하다　考える、思う　[생각하 / 생각해]고 있어요　考えています

⑤ 공부하다　勉強する　　[공부해 / 공부하]고 있어요　勉強しています

2 日本語文の下線部分にあたる表現を [　　] に書き込みましょう。

① 열심히 수업 진도에 [　　　　　　　　　　].　頑張って授業の進度についていっています。

② 너무 빨라서 [　　　　　　　　　].　あまりにも速くて聞き取れません。

③ 지금은 창문을 [　　　　　　　　　].　今は、窓を開けないでください。

④ 너무 피곤해서 [　　　　　　　　　].　あまりにも疲れて歩けません。

⑤ 지금 집중하고 있으니까 [　　　　　　　　　　　].　今集中しているので話しかけないでください。

3 次の文を訳しましょう。

① 外で友達が待っています。

② そんなふうに思わないでください。

③ そんな考えは理解できません。

④ ここではWi-Fiは使用しないでください。

⑤ その書類はまだ出せません。

単語と表現 21

열다	開ける	밖	外
아침	朝	그	その
너무	あまりにも、〜すぎる	그렇게	そのように、そんなふうに
걷다	歩く	그런	そんな
말하다	言う、話す	내다	出す
가다	行く	먹다	食べる
열심히	一生懸命に、頑張って	단어	単語
같이	一緒に	따라가다	ついていく
지금	今	피곤하다	疲れる
운동하다	運動する	만들다	作る
일어나다	起きる	－에서는	〜では（場所）
술	お酒、酒	나가다	出る、出かける
외우다	覚える	친구	友達
쓰다	書く	좀처럼	なかなか
생각	考え	무엇	何
생각하다	考える、思う	생방송	生放送
알아듣다	聞き取る、理解する	자다	寝る
듣다	聞く	마시다	飲む
오다	来る	말을 걸다	話しかける
여기	ここ	일찍	早く
일	こと	빨라서	速くて
이	この	공부하다	勉強する
이런 데	こんなところ	매일	毎日
요즘	最近	아직	まだ
찾다	探す	기다리다	待つ
다음 회	次回	창문	窓
집중하다	集中する	놓치다	見逃す、逃す
수업	授業（の）	보다	見る
출발하다	出発する	무리하다	無理だ、無理する
준비하다	準備する	쉬다	休む
사용하다	使用する	이해하다	理解する
서류	書類	연습	練習
진도	進度	와이파이	Wi-Fi
걱정하다	心配する	잊다	忘れる
하다	する	저	私
그래요？	そうなんですか？		

고추先生からのおみやげ 22

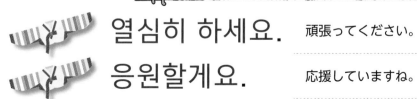

열심히 하세요. 頑張ってください。

응원할게요. 応援していますね。

「ファイト！」は パイ팅！といいます。

「頑張りますね！」は 열심히 할게요！です。

19

この課のタスク

❶ 「試験を受けるつもりです」などの、「〜するつもりです・〜でしょう」という表現ができる。

❷ 「手伝いましょうか?」などのような「〜しましょうか?・〜でしょうか?」という表現ができる。

❸ 「先に行きますね」などのような「〜しますね」という表現ができる。

♪
23

다음 달에 한국어 시험을 볼 거예요.

배추

来月に、韓国語の試験を受けるつもりです。

그래요? 뭐 도와줄까요?

무

そうなんですか?
何か手伝いましょうか?

고마워요. 근데 지금은 괜찮아요. 그럼, 저 먼저 갈게요.

배추

ありがとうございます。
でも今は大丈夫です。
じゃあ、私先に行きますね。

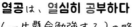
열공은、열심히 공부하다（一生懸命勉強する）の略。「頑張って勉強しよう!」と自分に言い聞かせたり、仲間と励ましあったりするときの言葉だぞ〜。みんなも**열공**!

ここが
Point!

この課で見ていく表現の作り方は、3つとも共通しています。

20

4-1 　〜するつもりです・〜でしょう

「試験を受けるつもりです」などの、「〜するつもりです・〜でしょう」という表現の作り方は、次のようになります。

語幹末に

パッチム 無し ➡ ㄹ 거예요 　例 하다 する → 할 거예요 　するつもりです

パッチム 有り ➡ 을 거예요 　例 먹다 食べる → 먹을 거예요 　食べるつもりです

文末の「.」を「?」に変えると疑問文になります。
発音は [ㄹ 꺼에요] となります。

単語の最後にパッチムがある場合は、連音化しますよ〜

練習 1 　次の単語につけるのに適切なものに○をつけましょう。

① 가다 　行く 　가[ㄹ 거예요 / 을 거예요]?
行くつもりですか？

② 좋다 　良い 　좋[ㄹ 거예요 / 을 거예요]
良いでしょう、良さそうです

③ 괜찮다 　大丈夫だ 　괜찮[ㄹ 거예요 / 을 거예요]
大丈夫でしょう、大丈夫そうです

④ 있다 　ある、いる 　있[ㄹ 거예요 / 을 거예요]
あるでしょう、いるでしょう

 練習 2 　次の文を、－ㄹ 거예요 / 을 거예요の形を使って訳しましょう。

① もう少ししたら来るでしょう。

② その日は時間がなさそうです。

③ アルバイトをするつもりです。

④ 留学するつもりです。

4-2 ～しましょうか？・～でしょうか？

「手伝いましょうか？」などのような「～しましょうか？・～でしょうか？」という表現の作り方は、次のようになります。

 語幹末に

パッチム 無し ➡ ㄹ까요？　　例 하다 する → 할까요？　しましょうか？

パッチム 有り ➡ 을까요？　　例 먹다 食べる → 먹을까요？ 食べましょうか？

 練習 1　次の単語につけるのに適切なものに〇をつけましょう。

① 마시다　飲む　　마시[ㄹ까요 / 을까요]?　飲みましょうか？

② 좋다　良い　　좋[ㄹ까요 / 을까요]?　良いでしょうか？

③ 읽다　読む　　읽[ㄹ까요 / 을까요]?　読みましょうか？

④ 괜찮다　大丈夫だ　　괜찮[ㄹ까요 / 을까요]?　大丈夫でしょうか？

練習 2　次の文を、－ㄹ까요 / 을까요の形を使って訳しましょう。

① 私も一緒に行きましょうか？

② 何、注文しましょうか？

③ 私が案内しましょうか？

④ 値段が高いでしょうか？

文末の「.」を「?」に変えると疑問文になります。

LINE クリエイターズスタンプ

キムチフレンズ 김치프렌즈

おいしいキムチを目指して日々奮闘する日来(ベチュ)、きゅうリ(オイ)、とうがらし先生(コチュソンセンニム)のくすっと笑えるスタンプです。キムチフレンズと一緒に韓国語を使ってみよう!!

https://text.asahipress.com/text-web/korean/kimchinyumon/stamp.html

전체

全40種

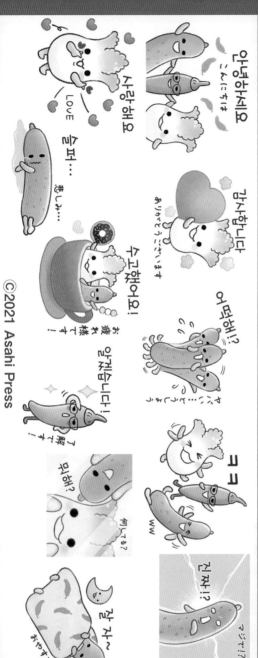

안녕하세요
こんにちは

사랑해요
LOVE

슬퍼…
悲しみ……

감사합니다
ありがとうございます

수고했어요!
お疲れ様です!

어떻해!?

알겠습니다!
了解です!

ㅋㅋ
ww

뭐해?
何してる?

진짜!?
マジで!?

잘자~
おやすみ~

©2021 Asahi Press

4-3 〜しますね

「先に行きますね」などのような「〜しますね」という表現の作り方は、次のようになります。

♪ 26

語幹末に

| パッチム 無し ➡ ㄹ게요 | 例 하다 する → 할게요 しますね |
| パッチム 有り ➡ 을게요 | 例 먹다 食べる → 먹을게요 食べますね |

 1 次の単語につけるのに適切なものに○をつけましょう。

① 빌리다　借りる　　빌리 [ㄹ게요 / 을게요]　借りますね

② 알아보다　調べてみる　알아보 [ㄹ게요 / 을게요]　調べてみますね

③ 있다　いる　　있 [ㄹ게요 / 을게요]　いますね

④ 드리다　差し上げる　드리 [ㄹ게요 / 을게요]　差し上げますね

練習 2 次の文を、- ㄹ게요 / 을게요の形を使って訳しましょう。

① 私が手伝いますね。

② ここで待ちますね。

③ 今日は私がごちそうしますね。

④ じゃあ、撮りますね。いち、にの、さん！

単語は、各課の最後にあるよ

まとめドリル ♪ 27

1 次の単語を、日本語文に合わせて活用したものとして適切なものに○をつけましょう。

① **재미있다** おもしろい 　재미있[ㄹ 거예요 / 을 거예요] おもしろいでしょう

② **보다** 見る 　보[ㄹ 거예요 / 을 거예요] 見るつもりです

③ **보내다** 送る 　보내[ㄹ까요 / 을까요]? 送りましょうか？

④ **많다** 多い 　많[ㄹ까요 / 을까요]? 多いでしょうか？

⑤ **연락하다** 連絡する 　연락하[ㄹ게요 / 을게요] 連絡しますね

2 日本語文の下線部分にあたる表現を [ ] に書き込みましょう。

① **닫다** 閉める 　창문을 [　　　　　]. 窓を<u>閉めますね</u>。

② **맛있다** おいしい 　정말 [　　　　　]? 本当に<u>おいしいでしょうか</u>？

③ **먹다** 食べる 　제가 [　　　　　]. 私が<u>食べますね</u>。

④ **가다** 行く 　휴가 때 [　　　　　]. 休暇のときに<u>行くつもりです</u>。

⑤ **드리다** 差し上げる 　좀 더 [　　　　　]? もう少し<u>差し上げましょうか</u>？

3 次の文を訳しましょう。

① ここに入れますね。

....

② じゃあ、コーヒーを<u>注文</u>しますね。

....

③ 私がやりましょうか？

....

④ どこで会いましょうか？

....

⑤ 週末にやるつもりです。

....

24

単語と表現 ♪28

만나다	会う
고마워요	ありがとうございます
있다	ある、いる
아르바이트	アルバイト
안내하다	案内する
좋다	良い（いい）
가다	行く
하나, 둘, 셋	いち、にの、さん
같이	一緒に
지금	今
넣다	入れる
맛있다	おいしい
많다	多い
보내다	送る
재미있다	おもしろい
빌리다	借りる
한국어	韓国語（の）
휴가	休暇
오늘	今日
오다	来る
커피	コーヒー
여기	ここ
여기서	ここで
사주다	ごちそうする
먼저	先に
드리다	差し上げる
시간	時間
시험	試験
시험을 보다	試験を受ける
닫다	閉める
그럼	じゃあ

주말	週末
알아보다	調べてみる
하다	する
그래요?	そうなんですか？
그날	その日
괜찮다	大丈夫だ
비싸다	（値段が）高い
먹다	食べる
주문하다	注文する
도와주다	手伝う
근데	でも
때	とき
어디서	どこで
찍다	撮る
없다	ない、いない
뭐	何、何か
값	値段
마시다	飲む
정말	本当に
기다리다	待つ
창문	窓
보다	見る
좀 더	もう少し
좀 있으면	もう少ししたら
읽다	読む
다음 달	来月
유학(을) 가다	留学する
연락하다	連絡する
저	私
제가	私が

 고추先生からのおみやげ ♪29

> 単語学習は
> 上の二次元バーコード
> から！

몇 년생이에요? 何年生まれですか？

몇 학번이세요? 何年度入学ですか？

> この２つは年令をきく
> ときによく使われます。

> 発音は몇 년생 [면녕생]、
> 몇 학번 [며탁뻔] です。

5課 〜しなければなりません、〜してもいいです、〜しています②

この課のタスク

❶ 「終わらせなければなりません」などの、「〜しなければなりません」という表現ができる。

❷ 「見てもいいですか？」のような「〜してもいいです」という表現ができる。

❸ 「まだ残っています」のような「〜しています」という表現ができる。

♪
30

어떡해 …. 할일이 아직 남아 있어요.
오늘 끝내야 돼요.

배추

どうしよう…。やることがまだ残っています。
今日、終わらせなければなりません。

오이

좀 봐도 돼요?
음 … 이건 큰일이 났네요.
저도 도와줄게요.

ちょっと見てもいいですか？
う〜ん…これは大変なことになりましたね。
私も手伝いますよ。

参考までに
終電は**막차**というんだぞ〜
間に合うといいのう…

へ〜！

ここが
Point!

この課で見ていく表現の作り
方は3つとも共通しています。
1課で見た作り方とも基本的な
部分が同じですよ。

5-1 〜しなければなりません

「終わらせなければなりません」などの、「〜しなければなりません」という表現の作り方は、次のようになります。

31

手順1 用言の基本形から、最後の다を取る ➡ **この形を語幹といいます**

手順2

語幹の最後がパッチム **有り** の場合で

① 語幹の最後の母音が ㅏ, ㅗ, ㅑ ➡ 語幹の後ろに 아야 돼요 をつける

② 語幹の最後の母音が ㅏ, ㅗ, ㅑ 以外 ➡ 語幹の後ろに 어야 돼요 をつける

語幹の最後がパッチム **無し** の場合で

③ 語幹の最後の母音が ㅏ, ㅓ, ㅕ, ㅐ, ㅔ ➡ 語幹と同じ形に 야 돼요 をつける

④ 語幹の最後の母音が ㅗ, ㅜ, ㅣ, ㅚ ➡ それぞれの母音を ㅘ, ㅝ, ㅕ, ㅙ にしてから 야 돼요 をつける

⑤ 하다 がつく用言 ➡ 하 の部分を 해 にしてから 야 돼요 をつける

例 ① 찾다　　探す　　　　➡ 찾　+ 아야 돼요 = 찾아야 돼요　探さなければなりません
　　② 먹다　　食べる　　　➡ 먹　+ 어야 돼요 = 먹어야 돼요　食べなければなりません
　　③ 나가다　出る、出かける ➡ 나가 + 야 돼요　 = 나가야 돼요　出なければなりません
　　④ 보다　　見る　　　　➡ 보　→ 봐 + 야 돼요 = 봐야 돼요　見なければなりません
　　⑤ 출발하다 出発する　　➡ 출발하 → 해 + 야 돼요 = 출발해야 돼요 出発しなければなりません

> 文末の「.」を「?」に変えると疑問文になります。

 次の単語につけるのに適切なものに○をつけましょう。

① **만들다** 作る　　**만들**[아야 돼요 / 어야 돼요]
　　　　　　　　　　　　　　　作らなければなりません

② **받다** 受け取る　　**받**[아야 돼요 / 어야 돼요]
　　　　　　　　　　　　　　　受け取らなければなりません

③ **있다** いる　　**있**[아야 돼요 / 어야 돼요]
　　　　　　　　　　　　　　　いなければなりません

④ **읽다** 読む　　**읽**[아야 돼요 / 어야 돼요]
　　　　　　　　　　　　　　　読まなければなりません

5-2　〜してもいいです

「見てもいいですか?」のような「〜してもいいです」という表現の作り方は、次のようになります。

| 手順1 | 用言の基本形から、最後の다を取る | この形を語幹といいます |

| 手順2 |

語幹の最後がパッチム 有り の場合で

① 語幹の最後の母音が ㅏ,ㅗ,ㅑ ➡ 語幹の後ろに 아도 돼요 をつける

② 語幹の最後の母音が ㅏ,ㅗ,ㅑ 以外 ➡ 語幹の後ろに 어도 돼요 をつける

語幹の最後がパッチム 無し の場合で

③ 語幹の最後の母音が ㅏ,ㅓ,ㅕ,ㅐ,ㅔ ➡ 語幹と同じ形に 도 돼요 をつける

④ 語幹の最後の母音が ㅗ,ㅜ,ㅣ,ㅚ ➡ それぞれの母音を ㅘ,ㅝ,ㅕ,ㅙ にしてから 도 돼요 をつける

⑤ 하다 がつく用言 ➡ 하 の部分を 해 にしてから 도 돼요 をつける

例 ① 찾다　　探す　　　　　→ 찾 ＋ 아도 돼요 ＝ 찾아도 돼요　　探してもいいです
　　② 먹다　　食べる　　　　→ 먹 ＋ 어도 돼요 ＝ 먹어도 돼요　　食べてもいいです
　　③ 나가다　出る、出かける →나가 ＋ 도 돼요 ＝ 나가도 돼요　　出てもいいです
　　④ 보다　　見る　　　　　→ 보 → 봐 ＋ 도 돼요 ＝ 봐도 돼요　　見てもいいです
　　⑤ 출발하다 出発する　　　→ 출발하 → 해 ＋ 도 돼요 ＝ 출발해도 돼요 出発してもいいです

> 5-2 も 5-3 も文末の「.」を「?」に変えると疑問文になりますよ〜

練習　次の単語につけるのに適切なものに○をつけましょう。

① 만들다 作る　만들[아도 돼요 / 어도 돼요] 作ってもいいです

② 받다 受け取る　받[아도 돼요 / 어도 돼요] 受け取ってもいいです

③ 있다 いる　있[아도 돼요 / 어도 돼요] いてもいいです

④ 찾다 探す　찾[아도 돼요 / 어도 돼요] 探してもいいです

5-3 〜しています②

33

「まだ残っています」のような「〜しています」という表現の作り方は、次のようになります。

| 手順1 | 用言の基本形から、最後の다を取る | **この形を語幹といいます** |

手順2

語幹の最後がパッチム **有り** の場合で

① 語幹の最後の母音が ㅏ , ㅗ , ㅑ ➡ 語幹の後ろに 아 있어요 をつける

② 語幹の最後の母音が ㅏ , ㅗ , ㅑ 以外 ➡ 語幹の後ろに 어 있어요 をつける

語幹の最後がパッチム **無し** の場合で

③ 語幹の最後の母音が ㅏ , ㅓ , ㅕ , ㅐ , ㅔ ➡ 語幹と同じ形に 있어요 をつける

④ 語幹の最後の母音が ㅗ , ㅜ , ㅣ , ㅚ ➡ それぞれの母音を ㅘ , ㅝ , ㅕ , ㅙ にしてから 있어요 をつける

⑤ 하다 がつく用言 ➡ 하 の部分を 해 にしてから 있어요 をつける

例
① 살다　　生きる　　→ 살 ＋ 아 있어요 ＝ 살아 있어요　生きています
② 들다　　持つ　　　→ 들 ＋ 어 있어요 ＝ 들어 있어요　持っています
③ 나가다　出る、出かける → 나가 ＋ 있어요 ＝ 나가 있어요　出ています
④ 오다　　見る　　　→ 오 → 와 ＋ 있어요 ＝ 와 있어요　来ています
⑤ 정지하다 停止する　→ 정지하 → 해 ＋ 있어요 ＝ 정지해 있어요　停止しています

3課で見た − 고 있어요 （〜しています）は、「今している最中だ」「今しつつある」という動作などが途中であることを表します。一方で、ここで見ている − 아 / 어 있어요 は、「もう到着しています」や「すでに来ています」のような、「もうすでにしている状態にある」という意味を表します。日本語訳が同じであっても、表している内容が異なる点には注意が必要です。

この場合は、있어요の前は分かち書きをしますよ〜

 次の単語につけるのに適切なものに○をつけましょう。

① 남다　残る　　남[아 있어요 / 어 있어요]　残っています

② 붙다　くっつく　붙[아 있어요 / 어 있어요]　くっついています

③ 앉다　座る　　앉[아 있어요 / 어 있어요]　座っています

④ 숨다　隠れる　숨[아 있어요 / 어 있어요]　隠れています

まとめ ドリル

♪ 34

1 次の単語につけるのに適切なものに○をつけましょう。

① 씻다 洗う 씻[아야 돼요 / 어야 돼요] 洗わなくてはいけません

② 읽다 読む 읽[아야 돼요 / 어야 돼요] 読まなければいけません

③ 앉다 座る 앉[아도 돼요 / 어도 돼요]? 座ってもいいですか?

④ 섞다 混ぜる 섞[아도 돼요 / 어도 돼요] 混ぜてもいいです

⑤ 입다 着る 입[아도 돼요 / 어도 돼요]? 着てもいいですか?

2 日本語文の下線部分にあたる表現を〔　　〕に書き込みましょう。

① 꼭 [　　　　　　　]? 絶対に行かなければなりませんか?

② 같이 [　　　　　　　]. 一緒に来てもいいです。

③ 좀 더 [　　　　　　　]? もう少し練習してもいいですか?

④ 이건 꼭 [　　　　　　　]. これは絶対に見なくてはなりません。

⑤ 내일 [　　　　　　　]. 明日、出さなくてはいけません。

3 次の文を訳しましょう。

① その人たちは今、日本に来ています。

② もう行ってもいいですか?

③ まだここで待っていなければなりません。

④ 明日は、朝早くに出発しなければなりません。

⑤ 遅く出ても大丈夫です。

単語と表現 ♪35

♪ 単語と表現は、日本語訳のアイウエオ順（五十音）
♪ 助詞の一覧は 74 ページ参照

아침 일찍	朝早く（に）	큰 일	大変なこと
내일	明日	큰일이 나다	大変なことになる
씻다	洗う	내다	出す
있다	ある、いる	– 들	〜たち
살다	生きる	먹다	食べる
가다	行く	좀	ちょっと、少し
같이	一緒に	만들다	作る
지금	今	정지하다	停止する
음	う〜ん	도와주다	手伝う
받다	受け取る	나가다	出る、出かける
늦게	遅く（に）	어떡해	どうしよう
끝내다	終わらせる、終える	일본	日本
숨다	隠れる	남다	残る
오늘	今日	섞다	混ぜる
입다	着る	아직	まだ
붙다	くっつく	기다리다	待つ
오다	来る	보다	見る
여기서	ここで	이제	もう
이건	これは	좀 더	もう少し
찾다	探す	들다	持つ
출발하다	出発する	할일	やること、すること
앉다	座る	읽다	読む
꼭	絶対に	연습하다	練習する
그 사람	その人	저	私
괜찮다	大丈夫だ		

単語学習は上の二次元バーコードから！

 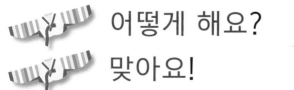 고추先生からのおみやげ ♪36

어떻게 해요? どうやりますか？どうしますか？

맞아요! そうなんです！（＝合っています）

해요？を가요？(行きますか？)や먹어요？(食べますか？)
などに置きかえても使うことができます。

31

6課 〜て・〜なので、〜してみる、〜してくださいますか?

この課のタスク

❶ 「多くて」などの、「〜て・〜なので」という表現ができる。

❷ 「やってみますね」などのような「〜してみる」という表現ができる。

❸ 「手伝ってくださいませんか?」などのような「〜してくださいますか?」という表現ができる。

37

좀 도와주시겠어요?
일이 많아서 끝내지 못해요.

배추

ちょっと手伝ってくださいませんか?
仕事が多くて終わらせられません。

무

그럼요.
저도 같이 해 볼게요.

もちろんです。
私も一緒にやってみますね。

韓国で何か助けてもらったり
手伝ってもらったりしたら、
다음에 맛있는 거 사 줄게요!
(今度美味しいもの奢ります!)
と言ってみるのもよいかもしれ
んぞ〜

ここが
Point!

この課で見ていく表現の
作り方は3つとも共通し
ています。1課と5課で
見た作り方とも基本的な
部分が同じですよ。

6-1 〜て・〜なので

38

「多くて」などの、「〜て・〜なので」という表現の作り方は、次のようになります。

手順1　用言の基本形から、最後の다を取る　**この形を語幹といいます**

手順2

語幹の最後がパッチム **有り** の場合で

① 語幹の最後の母音が ㅏ , ㅗ , ㅑ　➡ 語幹の後ろに ア서 をつける

② 語幹の最後の母音が ㅏ , ㅗ , ㅑ 以外　➡ 語幹の後ろに 어서 をつける

語幹の最後がパッチム **無し** の場合で

③ 語幹の最後の母音が ㅏ , ㅓ , ㅕ , ㅐ , ㅔ　➡ 語幹と同じ形に ㅅ をつける

④ 語幹の最後の母音が ㅗ , ㅜ , ㅣ , ㅚ　➡ それぞれの母音を ㅘ , ㅝ , ㅕ , ㅙ にしてから ㅅ をつける

⑤ 하다 がつく用言　➡ 하 の部分を 해 にしてから ㅅ をつける

例　① 찾다　探す　　　→ 찾　　＋아서 ＝ 찾아서　探して
　　② 먹다　食べる　　→ 먹　　＋어서 ＝ 먹어서　食べて
　　③ 나가다　出る、出かける　→ 나가　＋서 ＝ 나가서　出て
　　④ 보다　見る　　　→ 보→봐　＋서 ＝ 봐서　見て
　　⑤ 출발하다　出発する　→ 출발하→해＋서 ＝ 출발해서　出発して

> これは、理由や、「A して（そのまま）B する」という場合に使われます。

練習　次の単語につけるのに適切なものに○をつけましょう。

① 있다　ある、いる　　있[아서 / 어서]　あるので、いるので

② 잡다　つかむ　　　잡[아서 / 어서]　つかむので

③ 없다　ない、いない　없[아서 / 어서]　ないので、いないので

④ 높다　高い　　　　높[아서 / 어서]　高いので

6-2 〜してみる

「やってみますね」などのような「〜してみる」という表現の作り方は、次のようになります。

手順1 用言の基本形から、最後の다を取る　**この形を語幹といいます**

手順2

語幹の最後がパッチム **有り** の場合で

① 語幹の最後の母音が ㅏ, ㅗ, ㅑ　➡　語幹の後ろに **아 봐요** をつける

② 語幹の最後の母音が ㅏ, ㅗ, ㅑ 以外　➡　語幹の後ろに **어 봐요** をつける

語幹の最後がパッチム **無し** の場合で

③ 語幹の最後の母音が ㅏ, ㅓ, ㅕ, ㅐ, ㅔ　➡　語幹と同じ形に **봐요** をつける

④ 語幹の最後の母音が ㅗ, ㅜ, ㅣ, ㅚ　➡　それぞれの母音を ㅘ, ㅝ, ㅕ, ㅙ にしてから **봐요** をつける

⑤ **하다** がつく用言　➡　**하** の部分を **해** にしてから **봐요** をつける

例
① 찾다　探す　→　찾　+ 아 봐요　=　찾아 봐요　探してみます
② 먹다　食べる　→　먹　+ 어 봐요　=　먹어 봐요　食べてみます
③ 나가다　出る、出かける　→　나가　+ 봐요　=　나가 봐요　出てみます
④ 오다　来る　→　오 → 와　+ 봐요　=　와 봐요　来てみます
⑤ 연습하다　練習する　→　연습하 → 해 + 봐요　=　연습해 봐요　練習してみます

文末の「.」を「?」に変えると疑問文になる。文脈やイントネーションによって「〜してみてください」という表現にもなりますよ〜

봐요の基本形は보다（見る）です。これを、봤어요（見ました）、보세요（見てください）などに変えて様々な使い方をすることができます。

  次の単語につけるのに適切なものに○をつけましょう。

① 적다　書く、書き留める　적[아 봐요 / 어 봐요]　書いてみてください

② 만들다　作る　만들[아 봐요 / 어 봐요]　作ってみてください

③ 웃다　笑う　웃[아 봐요 / 어 봐요]　笑ってみてください

④ 읽다　読む　읽[아 봐요 / 어 봐요]　読んでみてください

6-3 ～してくださいますか？

「手伝ってくださいませんか」などのような「～してくださいますか？」という表現の作り方
は、次のようになります。

♪ 40

手順1 用言の基本形から、最後の다を取る ➡ **この形を語幹といいます**

手順2

語幹の最後がパッチム **有り** の場合で

① 語幹の最後の母音が ㅏ , ㅗ , ㅑ ➡ 語幹の後ろに 아 주시겠어요？ をつける

② 語幹の最後の母音が ㅏ , ㅗ , ㅑ 以外 ➡ 語幹の後ろに 어 주시겠어요？ をつける

語幹の最後がパッチム **無し** の場合で

③ 語幹の最後の母音が ㅏ , ㅓ , ㅕ , ㅐ , ㅔ ➡ 語幹と同じ形に 주시겠어요？ をつける

④ 語幹の最後の母音が ㅗ , ㅜ , ㅣ , ㅚ ➡ それぞれの母音を ㅘ , ㅝ , ㅕ , ㅙ にしてから
주시겠어요？ をつける

⑤ 하다がつく用言 ➡ 하 の部分を 해 にしてから 주시겠어요？ をつける

例
① 받다 受け取る →받 +아 주시겠어요？＝받아 주시겠어요？ 受け取ってくださいませんか？
② 들다 持つ →들 +어 주시겠어요？＝들어 주시겠어요？ 持ってくださいませんか？
③ 나가다 出る、出かける →나가 +주시겠어요？ ＝나가 주시겠어요？ 出てくださいませんか？
④ 오다 来る →오→와 +주시겠어요？ ＝와 주시겠어요？ 来てくださいませんか？
⑤ 출발하다 出発する →출발하→해+주시겠어요？ ＝출발해 주시겠어요？ 出発してくださいませんか？

> 「～してくださいますか」の場合は、주시겠어요？ の前は分かち書きをします。
> ただし、도와주다（手伝う）は1つの単語扱いなので、この場合は分かち書きをしていません。

 次の単語につけるのに適切なものに○をつけましょう。

① 적다 書く、書き留める 적[아 주시겠어요 / 어 주시겠어요]？
書いてくださいますか？

② 만들다 作る 만들[아 주시겠어요 / 어 주시겠어요]？
作ってくださいますか？

③ 놀다 遊ぶ 놀[아 주시겠어요 / 어 주시겠어요]？
遊んでくださいますか？

④ 읽다 読む 읽[아 주시겠어요 / 어 주시겠어요]？
読んでくださいますか？

まとめ ドリル

♪ 41

1 次の単語につけるのに適切なものに○をつけましょう。

① 울다 泣く　울［아서 / 어서］　　　泣いて

② 읽다 読む　읽［아서 / 어서］　　　読んで

③ 입다 着る　입［아 봐요 / 어 봐요］　着てみます

④ 받다 受け取る　받［아 주시겠어요 / 어 주시겠어요］？
　　　　　　　　　　　　　　受け取ってくださいますか？

⑤ 믿다 信じる　믿［아 주시겠어요 / 어 주시겠어요］？
　　　　　　　　　　　　　　信じてくださいますか？

2 日本語文の下線部分にあたる表現を［　　］に書き込みましょう。

① 화장실은 거기를 ［　　　　　　］ 오른쪽에 있어요.
　　　　　　　　　　　　　トイレは、そこを出て右にあります。

② 시간이 ［　　　　　　］ 가지 못해요.　　時間が無くて行けません。

③ 한 번 ［　　　　　　］.　　一度、発音してみてください。

④ 다시 한번 ［　　　　　　］？　もう一度、連絡してくださいますか？

⑤ 일본에도 ［　　　　　　］？　日本にも来てくださいますか？

3 次の文を訳しましょう。

① もう少し待ってくださいますか？

② ちょっと食べてみてください。

③ 私にも教えてくださいますか？

④ もう一度確認してくださいますか？

⑤ もう一度探してみてください。

単語と表現
42

✏ 単語と表現は、日本語訳のアイウエオ順（五十音）
✏ 助詞の一覧は 74 ページ参照

놀다	遊ぶ	좀	ちょっと
있다	ある、いる	잡다	つかむ
가다	行く	만들다	作る
한 번	一度	도와주다	手伝う
같이	一緒に	나가다	出る、出かける
받다	受け取る	화장실	トイレ
많다	多い	없다	ない、いない
가르치다	教える	울다	泣く
끝내다	終わらせる、終える	일본	日本
적다	書く、書き留める	발음하다	発音する
확인하다	確認する	기다리다	待つ
입다	着る	오른쪽	右、右側
오다	来る	보다	見る
찾다	探す	다시 한번	もう一度
시간	時間	좀 더	もう少し
일	仕事	그럼요	もちろんです
출발하다	出発する	들다	持つ
믿다	信じる	읽다	読む
하다	する、やる	연습하다	練習する
거기	そこ	연락하다	連絡する
높다	高い（高さ）	저	私
먹다	食べる	웃다	笑う

単語学習は上の二次元
バーコードから！

 고추先生からのおみやげ
43

피곤해요.　　　疲れました。

피곤하세요?　　お疲れですか？

「疲れているでしょう？」は피곤하죠？

「疲れていらっしゃいますよね？」は피곤하시죠？です。

この課のタスク

① 「食べるもの」などの、「～する…」という表現ができる。
② 「狭いお店」のような「～な…」という表現ができる。
③ 「狭いお店なのですが」などのような「～なのですが」という表現ができる。

♪
44

한국에서 꼭 먹는 음식이 있어요?

韓国で必ず食べる食べ物はありますか？

배추

오이

네. 닭한마리예요.
동대문에 맛있는 집이 있어요.
좀 좁은 집인데 아주 맛있어요.

はい。タッカンマリです。
東大門においしいお店があります。
少し狭いお店なのですが、とてもおいしいです。

닭한마리は日本語に訳すと
「鶏一羽」。発音は [다칸마리]。
名前そのままの鍋料理で、
辛くない、体に優しい料理だぞ～

へ～！

ここが
Point!

運動することが好きの「運動すること」や、
通っている学校の「通っている」のような
「～する…・～している…」という、連体形と
言われる表現を見ていきましょう。
この連体形は、品詞（動詞、形容詞など）や時
制（現在、過去、未来）によって作り方が違う
ので、順番に見ていくことにします。

7-1　〜する…（動詞の現在連体形）

「食べるもの」などの、「〜する…」という表現の作り方は、次のようになります。

45

手順1　用言の基本形から、最後の다を取る　**この形を語幹といいます**

手順2　語幹の後ろに 는 をつける

例　연습하다　練習する → 연습하 + 는 = 연습하는 노래　練習している歌、練習する歌
　　듣다　聞く　→ 듣 + 는 = 듣는 노래　聞いている歌、聞く歌

要注意 「食べる」にある、さまざまな意味

日本語では、①「毎日食べるもの」と②「明日食べるもの」では「食べる」の部分が同じ形です。
①は「いつもそうしている」という習慣や一般的な事柄、今行われている動作を表しています。
（←現在連体形）一方、②は「（これから）食べる」という、まだ起こっていないことを表しています
（←未来連体形）。
この①と②の「食べる」は日本語では同じ形ですが、韓国語では違う形を使います。（←未来連体形
は9課参照）

この場合は、語幹の最後にパッチムがあってもなくても形は変わりませんよ〜

存在詞 있다（ある、いる）、없다（ない、いない）の現在連体形も、これと同じ作り方をします。

만들다（作る）のように語幹がㄹで終わるものは、語幹の最後のㄹがなくなった形に는をつけます。

練習 1　次の単語を、「〜する…」（動詞の現在連体形）の形にしましょう。

① 보다　見る　　매주　＿＿＿＿＿　프로　毎週見る番組
② 찍다　撮る　　취미로　＿＿＿＿＿　사진　趣味で撮る写真
③ 오다　来る　　일본에　＿＿＿＿＿　사람　日本に来る人
④ 재미있다　おもしろい　＿＿＿＿＿　이야기　おもしろい話

練習 2　次の文を訳しましょう。

① よく笑う人です。

② わからないことがありますか？

③ 約束のない日はいつですか？

④ 一番好きなものです。

39

7-2 〜な…（形容詞の現在連体形）

「狭いお店」のような「〜な…」という表現の作り方は、次のようになります。

語幹末に

| パッチム **無し** ＋ ㄴ | 例 비싸다（値段が）高い → 비싸 ＋ ㄴ ＝ 비싼 것 高いもの |

| パッチム **有り** ＋ 은 | 例 많다　多い　　　　→ 많 ＋ 은 ＝ 많은 것 多いもの |

> 달다（甘い）のように語幹がㄹで終わるものは、語幹の最後のㄹがなくなった形にㄴをつけます。

> ㅂ変格活用（77 ページ参照）の맵다（辛い）、춥다（寒い）、덥다（暑い）などの場合は、ㅂ→운となります。

練習 1 次の単語を、「〜な…」（形容詞の現在連体形）の形にしましょう。

① 늦다 遅い ＿＿＿＿＿＿＿＿ 시간 遅い時間

② 짧다 短い ＿＿＿＿＿＿＿＿ 머리 短い髪

③ 싸다 安い ＿＿＿＿＿＿＿＿ 것 安いもの

④ 좋다 良い ＿＿＿＿＿＿＿＿ 사람 良い人

練習 2 次の文を訳しましょう。

① かわいい服が多いです。

② 忙しい時期ですか？

③ 広い部屋が良いです。

④ 違うサイズはありますか？

7-3 〜なのですが

「狭いお店なのですが」などのような「〜なのですが」という表現の作り方は、次のようになります。この表現は、品詞によって作り方が異なります。

その1 動詞と存在詞（있다、없다）の場合

語幹 + 는데

例
가다 → 가는데　行くのですが
읽다 → 읽는데　読むのですが
있다 → 있는데　あるのですが、いるのですが

その2 形容詞の場合

語幹末に

パッチム **無し**　語幹 + ㄴ데

例　바쁘다 → 바쁘 + ㄴ데 = 바쁜데　忙しいですが

パッチム **有り**　語幹 + 은데

例　많다 → 많 + 은데 = 많은데　多いですが

動詞や存在詞 있다（ある、いる）、없다（ない、いない）の語幹に付いて、現在の状況などに対して使う。名詞の場合は「〜だ・である」の이다를 인데にしますよ〜

만들다（作る）のように語幹が ㄹ で終わるものは、語幹の最後の ㄹ がなくなります。

「는데요.」のように、最後に 요 をつけて「〜なのですが。」と文を終わらせることもできます。

練習1 次の単語につけるのに適切なものに○をつけましょう。

① 운동하다　運動する　운동하[는데 / ㄴ데 / 은데]　運動するのですが
② 괜찮다　大丈夫だ　괜찮[는데 / ㄴ데 / 은데]　大丈夫なのですが
③ 크다　大きい　크[는데 / ㄴ데 / 은데]　大きいのですが
④ 먹다　食べる　먹[는데 / ㄴ데 / 은데]　食べるのですが

練習2 次の文を訳しましょう。

① 毎日電車で通うのですが、人が多いです。

② これ、おいしいんですが、食べますか？

③ 準備はするのですが、まだ終わりません。

④ ちょっと狭いですが、暮らしやすい部屋です。

まとめ ドリル

♪ 48

1 次の単語を現在連体形にする場合、それにつけるのものとして適切なものに○をつけましょう。

① 가다 　가[는 / ㄴ / 은] 　行く〜

② 있다 　있[는 / ㄴ / 은] 　ある、いる〜

③ 밝다 　밝[는 / ㄴ / 은] 　明るい〜

④ 크다 　크[는 / ㄴ / 은] 　大きい〜

⑤ 작다 　작[는 / ㄴ / 은] 　小さい〜

2 日本語文の下線部分にあたる表現を [　] に書き込みましょう。

① 타다 　乗る 　[　　　] 곳 　乗る所、乗り場

② 넓다 　広い 　[　　　] 방 　広い部屋

③ 바르다 　塗る 　[　　　] 곳 　塗る場所

④ 걷다 　歩く 　[　　　] 거리 　歩く道

⑤ 따뜻하다 　温かい 　[　　　] 커피 　温かいコーヒー

3 次の文を訳しましょう。

① 質問があるのですが、大丈夫ですか？

② 韓国に行くのですが、どこが良いでしょうか？

③ 留学生なのですが、日本語が上手です。

④ ちょっとサイズが大きいのですが、大丈夫です。

⑤ 時間は多いのですが、体力がありません。

 単語と表現 ♪ 49

밝다	明るい	커피	コーヒー	없다	ない、いない
따뜻하다	温かい	것	こと、もの	일본	日本
덥다	暑い	이거	これ	일본어	日本語
달다	甘い	사이즈	サイズ	바르다	塗る
있다	ある、いる	시간	時間	타다	乗る
걷다	歩く	시기	時期	네	はい
좋다	良い（いい）	질문	質問	곳	場所、ところ、場
가다	行く	사진	写真	이야기	話
바쁘다	忙しい	취미	趣味	프로	番組
제일	一番	준비하다	準備する	날	日
언제	いつ	좋아하다	好きだ	사람	人
운동하다	運動する	좀	少し、ちょっと	넓다	広い
맛있다	おいしい	하다	する	옷	服
많다	多い	좁다	狭い	방	部屋
크다	大きい	-이다	〜だ、である	매주	毎週
늦다	遅い	괜찮다	大丈夫だ	매일	毎日
집	お店、家	체력	体力	아직	まだ
재미있다	おもしろい	비싸다	（値段が）高い	짧다	短い
끝나다	終わる	닭한마리	タッカンマリ	거리	道
-를/을 잘하다	〜が上手だ	음식	食べ物	보다	見る
꼭	必ず	먹다	食べる	약속	約束
머리	髪	작다	小さい	싸다	安い
다니다	通う	다르다	違う	잘	よく、上手く
맵다	辛い	만들다	作る	읽다	読む
예쁘다	かわいい、きれいだ	전철	電車	유학생이다	留学生だ
한국	韓国	동대문	東大門	연습하다	練習する
듣다	聞く	어디	どこ	모르다	わからない
살기 편하다	暮らしやすい	아주	とても、すごく	웃다	笑う
오다	来る	찍다	撮る		

 고추先生からのおみやげ ♪ 50

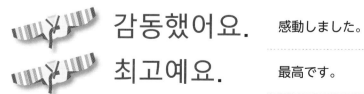

감동했어요. 感動しました。

최고예요. 最高です。

「とても良かったです」は、너무 좋았어요です。

「最高でした」は最高이었어요です。

43

～した…、～してから・～して以来、～しません・～くありません

1 「この間話した食堂」などの、「～した…」という表現ができる。
2 「行ってから」のような「～してから・～して以来」という表現ができる。
3 「行きません」などのような「～しません」という表現ができる。

♪ 51

저번에 이야기한 식당에는 갔어요?

この間話した食堂へは行きましたか？

배추

무

아뇨. 마지막으로 간 지 오래됐어요.
항상 손님이 줄 서 있어서
가지 않았어요.

いいえ。最後に行ってからだいぶ経ちました。
いつもお客さんが並んでいて、
行きませんでした。

おいしいお店のことを
맛집というぞ～目的地
の地名と**맛집**を入れて
検索すると、おいしい
お店が見つかるかも!?

ここが
Point!

前の7課では現在連体形につい
て見ましたが、ここでは動詞の
「過去」連体形について見てい
きます。

8-1 〜した…（動詞の過去連体形）

「この間話した食堂」などの、「〜した…」という表現の作り方は、次のようになります。

語幹末に

| パッチム 無し ➡ 語幹 + ㄴ | 例 보다 見る → 보 + ㄴ = 본 드라마 見たドラマ |
| パッチム 有り ➡ 語幹 + 은 | 例 읽다 読む → 읽 + 은 = 읽은 책 読んだ本 |

 存在詞 있다（ある、いる）、없다（ない、いない）は、7課と違い、ここには含まれません。

만들다（作る）のように語幹がㄹで終わるものは、語幹の最後のㄹがなくなった形にㄴをつけますよ〜

 ここで見ている形は、7-2で見た形容詞の現在連体形につく形と同じです。
同じ−ㄴ/은という形でも、動詞に付く場合には過去連体形、形容詞に付く場合には現在連体形になる点には注意が必要です。

 1 次の単語を「〜した…」（動詞の過去連体形）の形にした場合、語幹につけるのに適切なものに○をつけましょう。

① 부르다　歌う　　부르[ㄴ / 은] 노래　　歌った歌

② 먹다　食べる　　먹[ㄴ / 은] 것　　食べたもの

③ 오다　来る　　오[ㄴ / 은] 사람　　来た人

④ 받다　もらう　　받[ㄴ / 은] 선물　　もらったプレゼント

単語の最後にパッチムがある場合は、連音化しますよ！

 2 次の文を訳しましょう。

① 友達に送ったプレゼントです。

② 韓国で撮った写真ですか？

③ 先週会った人です。

④ この人は、私が信じた人です。

45

8-2 〜してから・〜して以来

「行ってから」のような「〜してから・〜して以来」という表現の作り方は、次のようになります。

語幹末に

パッチム 無し ➡ ㄴ 지

例 오다 来る
→ 오 + ㄴ 지 = 온 지　来てから、来て以来

パッチム 有り ➡ 은 지

例 먹다 食べる
→ 먹 + 은 지 = 먹은 지　食べてから、食べて以来

살다（住む、暮らす）のように語幹が ㄹ で終わるものは、語幹の最後の ㄹ がなくなった形に ㄴ 지 がつきます。

この場合は、지 の前は分かち書きをします。

 1 次の単語を「〜してから・〜して以来」の形にした場合、語幹につけるのに適切なものに○をつけましょう。

① 가다　　行く　　　　가[ㄴ 지 / 은 지]　　行ってから

② 배우다　習う、学ぶ　배우[ㄴ 지 / 은 지]　習ってから

③ 입학하다　入学する　입학하[ㄴ 지 / 은 지]　入学してから

④ 나가다　出る、出かける　나가[ㄴ 지 / 은 지]　出かけてから

 2 次の文を訳しましょう。

① 付き合ってから、もう1年経ちました。

② 留学に来てから、どのくらいになりますか?

③ 勉強を始めてから、6か月が過ぎました。

④ 最後に会ってから、ずいぶん経ちます。

8-3 ～しません・～くありません

54

「行きません」などのような「～しません」という表現の作り方は、次のようになります。

手順1 用言の基本形から、最後の다を取る　この形を語幹といいます

手順2 語幹の後ろに 지 않아요 をつける

例 **연습하다** 練習する → **연습하** + 지 않아요 = **연습하지 않아요** 練習しません
듣다 聞く → **듣** + 지 않아요 = **듣지 않아요** 聞きません

 この場合は語幹の最後にパッチムがあってもなくても形は変わりません。
文末の「.」を「?」に変えると疑問文になります。

単語は、各課の最後にあるよ

練習 1 次の単語を、「～しません・～くありません」の形にしましょう。

① **가다** 行く 　　　　　　　　　　　 行きません

② **먹다** 食べる 　　　　　　　　　　　 食べません

③ **만들다** 作る 　　　　　　　　　　　 作りません

④ **시작하다** 始める 　　　　　　　　　　　 始めません

練習 2 次の文を訳しましょう。

① 天気が良くありません。

② 時間がかかりません。

③ 今出発しないのですか？

④ 難しくありませんか？

まとめ ドリル ♪ 55

1 次の単語につけるのに適切なものに〇をつけましょう。

① **찾다** 探す　　**찾**[ㄴ / 은] **것**　　探したもの

② **나가다** 出る、出かける　　**나가**[ㄴ / 은] **시간**　　出かけた時間

③ **시키다** 注文する　　**시키**[ㄴ / 은] **음식**　　注文した食べ物

④ **읽다** 読む　　**읽**[ㄴ / 은] **책**　　読んだ本

⑤ **해결되다** 解決する　　**해결되**[ㄴ / 은] **일**　　解決したこと

2 日本語文の<u>下線部分</u>にあたる表現を [　　] に書き込みましょう。

① **부르다** 歌う　　**누가** [　　　　　　] **노래예요 ?**
誰が<u>歌った</u>歌ですか？

② **만나다** 会う　　**저번에** [　　　　　　] **사람이죠 ?**
この間<u>会った</u>人ですよね？

③ **먹다** 食べる　　**그걸** [　　　　　　] **?**　　それを<u>食べない</u>のですか？

④ **기다리다** 待つ　　**그렇게 오래** [　　　　　] **게 아니에요 .**
そんなに長く<u>待った</u>わけではないですよ（のではありません）。

⑤ **가다** 行く　　**먼저** [　　　　　] **사람이 누구예요 ?**
先に<u>行った</u>人は誰ですか？

3 次の文を訳しましょう。

① 昨日<u>受けた</u>試験は、どうでしたか？

② <u>好きになって</u>から、だいぶ経ちました。

③ 時間がなくて、行きませんでした。

④ まだ<u>やっていない</u>のですか？

⑤ 連絡を<u>もらって</u>から、どのくらい経ちましたか？

単語と表現
56

만나다	会う	사진	写真	찍다	撮る
있다	ある、いる	출발하다	出発する	없다	ない、いない
좋다	良い（いい）	식당	食堂	오래	長く、長い間、ずいぶん
아뇨	いいえ	믿다	信じる	배우다	習う、学ぶ
가다	行く	꽤 되다	ずいぶん経つ	입학하다	入学する
일년	1年	좋아하게 되다	好きになる	- 게 아니에요	〜のではありません
항상	いつも	살다	住む、暮らす	시작하다	始める
지금	今	하다	する、やる	이야기하다	話す
(시험을) 보다	(試験を) 受ける	지난 주	先週	프로	番組
노래	歌	그걸	それを	사람	人
부르다	歌う	그렇게	そんなに	선물	プレゼント
손님	お客さん	- 이다	〜だ、である	공부	勉強
보내다	送る	오래되다	だいぶ経つ	책	本
해결되다	解決される、解決する	지나다	経つ、過ぎる	아직	まだ
걸리다	かかる	음식	食べ物	기다리다	待つ
한국	韓国	먹다	食べる	보다	見る
듣다	聞く	누구	誰	어렵다	難しい
어제	昨日	누가	誰が	벌써	もう
오다	来る	시키다	注文する、頼む	것	もの、こと
일	こと	사귀다	付き合う	받다	もらう
이	この	만들다	作る	읽다	読む
저번에	この間	나가다	出る、出かける	유학을 오다	留学に来る
마지막으로	最後に	날씨	天気	줄 서다	列に並ぶ、列になる
찾다	探す	어땠어요?	どうでしたか？	연습하다	練習する
먼저	先に	얼마나	どのくらい	연락	連絡
시간	時間	얼마나 되다	どのくらいになる	육개월	6か月
시험	試験	친구	友達	제가	私が

 고추先生からのおみやげ
57

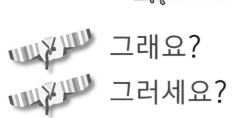

그래요? そうですか？、
そうなんですか？

그러세요? そうですか？、
そうなんですか？【尊敬】

「そうです」は
그래요です。

自分のことについては尊敬形を使わない点には、
気をつけましょう。

9課 ～する…、～できます／できません、
～するとき

この課のタスク

①「明日会う人」などの、「～する…」という表現ができる。

②「会うことができます」のような「～することができます／できません」という
表現ができる。

③「出るとき」などのような「～するとき」という表現ができる。

♪
58

내일 만날 사람은 몇 시에
어디서 만나죠?

明日会う人は何時に
どこで会いますか？

배추

서울역에서 만나요.
두 시에 만날 수 있어요.

ソウル駅で会います。
2時に会うことができます
（会えます）。

오이

그래요?
그럼, 나갈 때 연락해 주세요.

배추

そうなんですか？
では、出るときに連絡してください。

日本では LINE で連絡を取り
合うけれど、韓国ではカカオ
トーク（**카카오 톡**）がよく使
われる。よく**카톡**というぞ～

へ～！

ここが
Point!

7課では現在連体形、8課では動詞
の過去連体形について見ましたが、
ここでは動詞の「未来」連体形につ
いて見ていきます。
この課で見ていくものは、全て基本
的な作り方が同じです。

9-1 〜する…（動詞の未来連体形）

「明日会う人」などの、「〜する…」という表現の作り方は、次のようになります。

語幹末に

パッチム 無し ➡ ㄹ　　例 하다 する → 할 일 すること、用事

パッチム 有り ➡ 을　　例 먹다 食べる → 먹을 것 食べるもの

 これは動詞以外でも同様に使うことができます。

練習 1　次の単語を「〜する…」（動詞の未来連体形）の形にした場合、語幹につけるのに適切なものに○をつけましょう。

① 입다　着る　　入[ㄹ / 을] 옷　　着る服

② 시작되다　始まる　시작되[ㄹ / 을] 예정　始まる予定

③ 오다　来る　　오[ㄹ / 을] 시간　来る時間

④ 받다　受け取る　받[ㄹ / 을] 짐　受け取る荷物

単語の最後にパッチムがある場合は、連音化しますよ！

練習 2　次の文を、－ㄹ／을（動詞の未来連体形）の形を使って訳しましょう。

① 出かける時間は、何時ですか？

② 一緒に行く人がいませんか？

③ ソウルで開催される予定です。

④ 何か買うものがありますか？

9-2 〜することができます／できません

「会うことができます」のような「〜することができます／できません」という表現の作り方
は、次のようになります。

語幹末に

〜することができます（可能）

① パッチム 無し ＋ ㄹ 수 있어요　② パッチム 有り ＋ 을 수 있어요

〜することができません（不可能）

① パッチム 無し ＋ ㄹ 수 없어요　② パッチム 有り ＋ 을 수 없어요

例　① 하다　する　할 수 없어요　→　することができません
　　② 먹다　食べる　먹을 수 있어요　→　食べることができます、食べられます

文末の「.」を「?」に変えると疑問文になります。

 1 次の単語を「〜することができます」の形にした場合、語幹につけるのに適
切なものに○をつけましょう。

① 입다　　着る　　입[ㄹ 수 있어요 / 을 수 있어요]
　　　　　　　　　　　　　　　　　　　　　　着られます

② 시작하다　始める　시작하[ㄹ 수 있어요 / 을 수 있어요]
　　　　　　　　　　　　　　　　　　　　　　始められます

③ 가다　　行く　　가[ㄹ 수 있어요 / 을 수 있어요]
　　　　　　　　　　　　　　　　　　　　　　行けます

④ 받다　　受け取る　받[ㄹ 수 있어요 / 을 수 있어요]
　　　　　　　　　　　　　　　　　　　　　　受け取れます

練習 **2** 次の文を訳しましょう。

① 何時に出かけられますか？

② 次に、いつ会えますか？

③ その日は行けません。

④ 辛い食べ物は食べられません。

9-3 ～するとき

「出るとき」などのような「～するとき」という表現の作り方は、次のようになります。

語幹末に

パッチム 無し ➡ ㄹ 때　　例 하다 する → 할 때　するとき

パッチム 有り ➡ 을 때　　例 먹다 食べる → 먹을 때 食べるとき

 때の前は、分かち書きをしますよ～

過去形にする場合は、았 / 었을 때となります。

 1　次の単語を「～するとき」の形にした場合、語幹につけるのに適切なものに○をつけましょう。

① 입다　着る　　입[ㄹ 때 / 을 때]　着るとき
② 시작하다　始める　시작하[ㄹ 때 / 을 때]　始めるとき
③ 가다　行く　　가[ㄹ 때 / 을 때]　行くとき
④ 받다　受け取る　받[ㄹ 때 / 을 때]　受け取るとき

 2　次の文を訳しましょう。

① 次に来るときは、連絡ください。

② 次に会うとき持って行きます。

③ 家を出るとき連絡します。

単語は、各課の最後にあるよ

④ 食べるときは器を持ちません。

まとめ ドリル

♪ 62

1 次の単語を未来連体形にする場合、語幹につけるのに適切なものに○をつけましょう。

① 웃다 笑う　웃[ㄹ / 을]　笑う～

② 쓰다 使う　쓰[ㄹ / 을]　使う～

③ 잊다 忘れる　잊[ㄹ / 을]　忘れる～

④ 하다 する　하[ㄹ / 을]　する～

⑤ 믿다 信じる　믿[ㄹ / 을]　信じる～

2 日本語文の下線部分にあたる表現を [　] に書き込みましょう。

① 있다　ある、いる　시간이 [　　　　　] 연락 주세요.
　　　　　　　　　　　　　時間があるとき、連絡ください。

② 배우다　学ぶ　외국어를 [　　　　　]는 발음을 많이 해요.
　　　　　　　　　外国語を学ぶときは、発音をたくさんします。

③ 가다　行く　오늘은 [　　　　　　　　].　今日は行けません。

④ 일어나다　起きる　일찍 [　　　　　　　].　早く起きられません。

⑤ 하다　する　한국어는 조금만 [　　　　　　].
　　　　　　　　　　　　　　　　韓国語はちょっとだけできます。

3 次の文を訳しましょう。

① ハングルを読むことができますか？

② 漢字で書けません。

③ もう少し待てますか？

④ 字幕を見るときは眼鏡が必要です。

⑤ 服を買うときは必ず着てみます。

単語と表現 ♪ 63

만나다	会う	조금만	ちょっとだけ
내일	明日	쓰다	使う
있다	ある、いる	다음	次
집	家	다음에	次に
가다	行く	그럼	では
언제	いつ	나가다	出る、出かける
같이	一緒に	어디서	どこで
받다	受け取る	없다	ない、いない
그릇	器	뭐	何（なに）、何か
일어나다	起きる	짐	荷物
외국어	外国語	몇	何（なん）
개최되다	開催される	두 시	2時
사다	買う	시작되다	始まる
쓰다	書く	시작하다	始める
꼭	必ず	발음	発音
매운 음식	辛い食べ物	일찍	早く（時刻）
한국어	韓国語	한글	ハングル
한자	漢字	필요하다	必要だ
오늘	今日	사람	人
입다	着る	옷	服
주세요	ください	기다리다	待つ
오다	来る	배우다	学ぶ
일	こと	보다	見る
시	時	안경	眼鏡
시간	時間	좀 더	もう少し
자막	字幕	들다	持つ
믿다	信じる	가지고 가다	持って行く
하다	する	것	もの
그래요?	そうなんですか？	예정	予定
서울	ソウル	읽다	読む
서울역	ソウル駅	연락	連絡
그날	その日	잊다	忘れる
많이	たくさん	웃다	笑う
먹다	食べる		

 고추先生からのおみやげ ♪ 64

単語学習は上の
二次元バーコード
から！

어디예요?　どこですか？

시간이 얼마나 걸려요?　時間はどのくらい
かかりますか？

「どこにありますか？」
は어디(에) 있어요？

「どう行ったらいいですか？」は
어떻게 가면 돼요？です。

この課のタスク

① 「おいしい食べ物を食べて」などの、「~して・~くて・~で」という表現ができる。

② 「おいしいけれど」などのような「~だが・~けれど」という表現ができる。

③ 「食べられません」などのような「~できません」という表現ができる。

♪
65

한국에 가서 맛있는 음식을 먹고
관광도 많이 하고 싶어요.

배추

韓国に行っておいしい食べ物を食べて、
観光もたくさんしたいです。

한국 음식은 맛있지만
저는 못 먹는 음식이 많아요.

무

韓国の食べ物はおいしいけれど、
私は食べられないものが多いです。

韓国料理は辛いものも多いけれど
辛くないものもちゃんとある。
辛さについては、
더 맵게 해 주세요.
(もっと辛くしてください。)
덜 맵게 해 주세요.
(あまり辛くしないでください。)
が便利フレーズだぞ～

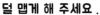

ここが
Point!

この課で見ていく表現の作り
方は、2課、3課で見たものと
同様です。

56

10-1　〜して・〜くて・〜で

♪66

「おいしい食べ物を食べて」などの、「〜して・〜くて・〜で」という表現の作り方は、次のようになります。

手順1　用言の基本形から、最後の다を取る　　**この形を語幹といいます**

手順2　語幹の後ろに 고 をつける

例　연습하다 練習する　→　연습하 ＋ 고 ＝ 연습하고　練習して
　　듣다　　聞く　　　→　듣 ＋ 고 ＝ 듣고　　聞いて

この場合は、語幹の最後にパッチムがあってもなくても形は変わりませんよ〜

この場合は、並列の他に「Aし終わってからBする」という場合にも使われます。

練習1　次の単語を、「〜して・〜くて・〜で」の形にしましょう。

① 맛있다　おいしい　　　　　　　　　　　　おいしくて

② 많다　多い　　　　　　　　　　　　　多くて

③ 예쁘다　きれいだ、かわいい　　　　　　　きれいで、かわいくて

④ 맵다　辛い　　　　　　　　　　　　　辛くて

練習2　次の文を訳しましょう。

① 性格も良くて、人気もあります。

② 朝はパンを食べて、紅茶を飲みます。

③ 歌もうまくて、ダンスも上手です。

④ 午前には雨が降り、午後には雪が降ります。

単語の最後にパッチムがある場合は、連音化しますよ！

10-2　〜だが・〜けれど

「おいしいけれど」などのような「〜だが・〜けれど」という表現の作り方は、次のようになります。

| 手順1 | 用言の基本形から、最後の다を取る |

> **この形を語幹といいます**

| 手順2 | 語幹の後ろに **지만** をつける |

例　연습하다　練習する　→　연습하　＋　지만　＝　연습하지만　練習するけれど
　　듣다　　　聞く　　→　듣　　＋　지만　＝　듣지만　　　聞くけれど

この場合は語幹の最後にパッチムがあってもなくても形は変わりません。

練習 1　次の単語を、「〜だが・〜けれど」の形にしましょう。

① **맛있다**　おいしい 　　　　　　　　　　　　　　　おいしいけれど

② **많다**　多い 　　　　　　　　　　　　　　　　　多いけれど

③ **예쁘다**　きれいだ、かわいい 　　　　　　　　　きれいだけれど、かわいいけれど

④ **덥다**　暑い 　　　　　　　　　　　　　　　　　暑いけれど

練習 2　次の文を訳しましょう。

① 辛いけれど、おいしいです。

② 寒いけれど、大丈夫です。

③ タイトルはわかるけれど、内容はわかりません。

④ 難しいけれど、おもしろいです。

10-3 ～できません②

「食べられません」などのような「～できません」表現の１つの못を使った不可能形は、基本的には１課で見た「～します・～です」という形の前に못をつけて作ります。

$$못 + 用言$$

例
먹어요　食べます　→　못 + 먹어요　=　못 먹어요　食べられません
만나요　会います　→　못 + 만나요　=　못 만나요　会えません

要注意 하다のつく**動詞**の場合

연락하다 (連絡する) や준비하다 (準備する) のように、**하다** (する) と前の単語を分けられる、名詞+**하다**でできている動詞の場合には、名詞と**하다**の間に 못 を置きます。

間に못を入れる

例
연락해요　連絡します　→　**연락 못 해요**　連絡できません　（×못 연락해요）
준비해요　準備します　→　**준비 못 해요**　準備できません　（×못 준비해요）

ここで見ている못は、３課で見た - 지 못해요 （～できません） と同じ意味で使われます。
못は会話で多く使われ、- 지 못해요は書き言葉で多く使われる傾向があります。

練習 1 次の単語を、못を使った不可能形で「～できません」という形にしましょう。

① **가다** 行く　　　　　　　　　　　　　行けません

② **오다** 来る　　　　　　　　　　　　　来れません

③ **찾다** 探す　　　　　　　　　　　　　探せません

④ **하다** する　　　　　　　　　　　　　できません

単語は、各課の最後にあるよ

練習 2 次の文を、못を使った不可能形で訳しましょう。

① どうして会えないのですか？

② お酒は飲めません。

③ 今は電話できません。

④ ここでは写真を撮れません。

まとめドリル ♪ 69

1 次の単語を、日本語文に合わせて活用したものとして適切なものに○をつけましょう。

① 비싸다 （値段が）高い　[비싸아 / 비싸]지만　高いけれど

② 공부하다 勉強する　[공부하 / 공부해]고　勉強して

③ 타다 乗る　[타 / 타아]고　乗って

④ 먹다 食べる　[먹어 / 먹]지만　食べるけれど

⑤ 사다 買う　[사아 / 사]지만　買うけれど

2 日本語文の下線部分にあたる表現を[ ]に書き込みましょう。

① 이거 좀 [　　　　　　] 맛있어요. これ、ちょっと辛いけれど、おいしいです。

② 매일 [　　　　　　] 연습해요. 毎日聞いて、練習します。

③ 좀 [　　　　　　] 사고 싶어요. ちょっと高いけれど、買いたいです。

④ 몇 번이나 [　　　　　　] 발음을 많이 해요. 何度も書いて、発音をたくさんします。

⑤ 아주 [　　　　　　] 기분이 좋아요. とても嬉しくて、気分が良いです。

3 次の文を訳しましょう。

① まず映画を見て、その後に友達に会います。

② 大変だけれど、続けたいです。

③ 歌詞が良くて、ダンスもかっこいいです。

④ 時間がないけれど、行きたいです。

⑤ まだ連絡できません。【못】

単語と表現 70

만나다	会う（〜に会う：- 를 / 을 만나다）	홍차	紅茶	왜	どうして
아침	朝	여기	ここ	아주	とても
덥다	暑い	오후	午後	친구	友達
비가 오다	雨が降る	오전	午前	찍다	撮る
좋다	良い（いい）	이거	これ	없다	ない、いない
가다	行く	찾다	探す	내용	内容
지금	今	춥다	寒い	몇 번이나	何度も
노래	歌	시간	時間	인기도 있다	人気もある
잘하다	うまい、上手だ	- 고 싶어요	〜したいです	마시다	飲む
기쁘다	嬉しい	사진	写真	타다	乗る
영화	映画	준비하다	準備する	발음	発音
맛있다	おいしい	하다	する	빵	パン
많다	多い	성격	性格	공부하다	勉強する
술	お酒、酒	그 후	その後	매일	毎日
재미있다	おもしろい	괜찮다	大丈夫だ	먼저	まず
사다	買う	제목	タイトル	아직	まだ
쓰다	書く	힘들다	大変だ、つらい	보다	見る
가사	歌詞	비싸다	（値段が）高い	어렵다	難しい
멋있다	かっこいい	많이	たくさん	눈이 오다	雪が降る
맵다	辛い	음식	食べ物	연습하다	練習する
관광	観光	먹다	食べる	연락하다	連絡する
한국	韓国	댄스	ダンス	몰라요	わかりません
듣다	聞く	좀	ちょっと	알다	わかる、知る
기분	気分	계속하다	続ける	저	私
예쁘다	きれいだ、かわいい	- 에서는	〜では（場所）		
오다	来る	전화하다	電話する		

 고추先生からのおみやげ 71

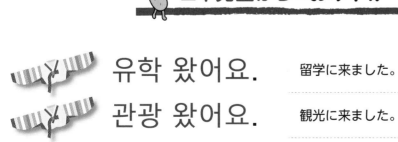

유학 왔어요. 　留学に来ました。

관광 왔어요. 　観光に来ました。

短期留学は단기 유학、語学研修は어학 연수（発音は [어항 년수]）です。

～たら・～れば、～ながら、～ので・～だから

この課のタスク

1. 「時間があったら」などの、「～たら・～れば」という表現ができる。
2. 「行きながら」などのような「～ながら」という表現ができる。
3. 「出かけなければならないので」などのような「～ので・～だから」という表現ができる。

시간이 있으면 좀 가르쳐 주세요.
모르는 부분이 있어요.

배추

時間があったら、ちょっと教えてください。
わからない部分があります。

네, 괜찮아요.
근데, 전 지금 좀 나가야 되니까
가면서 이야기해요.

오이

ええ、大丈夫です。
でも、私は今ちょっと出かけなければならないので、
行きながら話しましょう。

何か新しい韓国語を学んで、どう書くんだろう？と思ったらこう言ってみよう。
좀 적어 주세요.
（ちょっと書いて（メモして）ください。）だぞ！読めて聞けて書けたらバッチリだ！

へ～！

ここが Point!

この課で見ていく表現の作り方は3つとも共通しています。4課で見たものと同様ですよ。

11-1　〜たら・〜れば

「時間があったら」などの、「〜たら・〜れば」という表現の作り方は、次のようになります。

♪
73

語幹末に

| パッチム 無し ➡ 면 | 例 하다 する ➡ 하면 したら、すれば |
| パッチム 有り ➡ 으면 | 例 먹다 食べる ➡ 먹으면 食べたら、食べれば |

語幹末が ㄹ ➡ 면

ここが特別！
（パッチムがあるけど、으を挟まない）

例 만들다 作る → 만들면 作れば、作ったら（×만들으면）

練習 1　次の単語につけるのに適切なものに○をつけましょう。

① 보다 見る　　보［면 / 으면］ 見たら、見れば

② 찍다 撮る　　찍［면 / 으면］ 撮ったら、撮れば

③ 오다 来る　　오［면 / 으면］ 来たら、来れば

④ 받다 もらう　받［면 / 으면］ もらったら、もらえば

> 単語の最後にパッチムがある場合は、連音化しますよ！

練習 2　次の文を訳しましょう。

① 何かあったら言ってください。

② 一緒にやったらおもしろいです。

③ 時間があったら見たいです。

④ 来週の土曜日に行ったらどうですか？

11-2 　～ながら

「行きながら」などのような「～ながら」という表現の作り方は、次のようになります。

語幹末に

| パッチム 無し | ➡ | 면서 | 例 | 하다 する → 하면서 しながら |

| パッチム 有り | ➡ | 으면서 | 例 | 먹다 食べる → 먹으면서 食べながら |

| 語幹末が ㄹ | ➡ | 면서 |

ここが特別！
（パッチムがあるけど、으を挟まない）

例　살다 住む　→　살면서 住みながら（×살으면서）

練習 1　次の単語につけるのに適切なものに○をつけましょう。

① 보다 　見る　　보［면서 / 으면서］　　見ながら

② 찍다 　撮る　　찍［면서 / 으면서］　　撮りながら

③ 마시다　飲む　　마시［면서 / 으면서］　飲みながら

④ 읽다 　読む　　읽［면서 / 으면서］　　読みながら

練習 2　次の文を訳しましょう。

① 食事しながら見ました。

② コーヒーを飲みながら本を読みます。

③ 笑いながら話しました。

④ 書きながら練習します。

11-3 ～ので・～だから

「出かけなければならないので」などのような「～ので・～だから」という表現の作り方は、次のようになります。

♪ 75

語幹末に

| パッチム　無し　➡ 니까 | 例　하다 する → 하니까 → するので、するから |

| パッチム　有り　➡ 으니까 | 例　먹다 食べる → 먹으니까 → 食べるので、食べたから |

| 語幹末が ㄹ　➡　語幹末の ㄹ を無くした形＋니까 | ここが特別！ |

例　달다 甘い → 다니까　甘いので、甘いから（×달니까）

6-1 で見た － 아 / 어서（～て・～なので）と、この － 니까 / 으니까（～ので・～だから）は、どちらも理由を表すことができますが、次の点が異なります。
① － 아 / 어서は「앉어서 / 있어서」のように過去形にできませんが、－ 니까 / 으니까は過去形にすることができます。－ 아 / 어서を使った表現を過去形にする場合は、文末を過去形にします。
② － 니까 / 으니까を使った文は、基本的には文末に勧誘や依頼、命令などの表現が来ることができませんが、－ 아 / 어서にはそのような制約はありません。

 1　次の単語につけるのに適切なものに○をつけましょう。

① 맛있다　おいしい　　　　맛있[니까 / 으니까]　おいしいので、おいしいから

② 예쁘다　きれいだ、かわいい　예쁘[니까 / 으니까]　きれいなので、きれいだから

③ 많다　　多い　　　　　　많[니까 / 으니까]　多いので、多いから

④ 바쁘다　忙しい　　　　　바쁘[니까 / 으니까]　忙しいので、忙しいから

単語は、各課の最後にあるよ

練習 2　次の文を訳しましょう。

① 時間がないから、早く行きましょう。

② 友達もいるから、大丈夫です。

③ おもしろいから、すぐに全部読みました。

④ 今忙しいので、後でもう一度連絡してください。

1 次の単語を、日本語文に合わせて活用したものとして適切なものに○をつけましょう。

① 입다　着る　　입[면 / 으면]　　着たら、着れば

② 되다　なる　　되[면 / 으면]　　なったら、なれば

③ 찾다　探す　　찾[면서 / 으면서]　　探しながら

④ 기다리다　待つ　　기다리[면서 / 으면서]　待ちながら

⑤ 없다　ない、いない　　없[니까 / 으니까]　　ないので、いないので

2 日本語文の下線部分にあたる表現を [　　] に書き込みましょう。

① 잘 [　　　　　　] 안경을 쓰세요.　　よく見えなかったら、眼鏡をかけてください。

② [　　　　　　] 좋겠네요.　　　　　　うまくいったらいいですね。

③ 책을 [　　　　　] 연습했어요.　　　本を読みながら練習しました。

④ 저녁에는 비가 [　　　　　] 우산이 필요해요.

　　　　　　　　　　　　　　　　　夕方には雨が降るから、傘が必要です。

⑤ 좀 [　　　　　] 하나만 주세요.　　ちょっと高いので、ひとつだけください。

3 次の文を訳しましょう。

① ここに座ってはいけません。

② 映画を見ながら、聞き取りの練習をしました。

③ ソウルに来たら、連絡してください。

④ 天気が良くないので、今日は行きません。

⑤ とても便利なので、一度使ってみてください。

単語と表現 77

이따가	後で	여기	ここ	되다	なる		
달다	甘い	찾다	探す	마시다	飲む		
비가 오다	雨が降る	시간	時間	네	はい、ええ		
있다	ある、いる	-고 싶어요	～したいです	빨리	早く、速く		
좋겠네요	良いですね（いいですね）	식사	食事	필요하다	必要だ		
이야기하다	言う、話す	바로	すぐ、すぐに	하나	ひとつ		
가다	行く	살다	住む	부분	部分		
안 되다	いけない、だめだ	하다	する、やる	편리하다	便利だ		
바쁘다	忙しい	앉다	座る	책	本		
한 번	一度	전부 다	全部	기다리다	待つ		
같이	一緒に	서울	ソウル	보이다	見える		
지금	今	괜찮다	大丈夫だ	보다	見る		
잘되다	うまくいく	비싸다	（値段が）高い	안경을 쓰다	眼鏡をかける		
영화	映画	먹다	食べる	다시 한번	もう一度		
맛있다	おいしい	좀	ちょっと、少し	받다	もらう		
많다	多い	써 봤어요	使ってみました	저녁	夕方		
가르치다	教える	만들다	作る	잘	よく		
재미있다	おもしろい	근데	でも	안 좋다	良くない		
쓰다	書く、使う、（眼鏡を）かける	나가다	出る、出かける	읽다	読む		
우산	傘	날씨	天気	다음 주	来週		
듣기	聞き取り	어때요?	どうですか？	연습	練習		
오늘	今日	아주	とても、すごく	연습하다	練習する		
입다	着る	친구	友達	연락하다	連絡する		
예쁘다	きれいだ、かわいい	토요일	土曜日	모르다	わからない、知らない		
주세요	ください	찍다	撮る	전	私は		
오다	来る	없다	ない、いない	웃다	笑う		
커피	コーヒー	무슨 일이 있다	何かある				

 고추先生からのおみやげ 78

 뭐 해요?　何してますか？

뭐 하세요?　何してますか？【尊敬】

特に何もしていないときや、理由のないときの「なんとなく」や「特に何も…」という場合には、「그냥요」（発音は［그냥뇨]）という表現が便利です。

67

12課 尊敬の表現、〜そうです・〜のようです、〜で(手段・方法)

この課のタスク

① 「行かれますか?」などの、尊敬の表現ができる。

② 「合っていそうです」「行くと思います」のような「〜そうです・〜のようです・〜と思います」などの表現ができる。

③ 「飛行機で」などのような手段や方法を表す「〜で」という表現ができる。

♪ 79

부산에는 뭐 타고 가세요?

プサンには何に乗って行かれますか?

배추

오이

KTX로 갈 것 같아요.
비행기로 가고 싶었는데
자리가 없었어요.

KTXで行くと思います。
飛行機で行きたかったのですが、
席がありませんでした。

부산 (プサン) の名物というと、자갈치시장 (チャガルチ市場)、해운대 (海雲台)、あとは부산말! (プサン方言) もあるんだぞ〜

ここが Point!

この課で見ていく表現の作り方は、前に付く名詞や語幹の最後がㄹの場合に特別な変化が起こります。

68

12-1 　尊敬の表現

「行かれますか？」などの、尊敬の表現の作り方は、次のようになります。

♪
80

語幹末に

① 語幹末にパッチム 無し ➡ 시

② 語幹末にパッチム 有り ➡ 으시

③ 語幹末が ㄹ ➡ 語幹末の ㄹ を無くした形 + 시

ここが特別！

🌶 この - 시 / 으시 - を解요体にすると、- 세요 / 으세요 となります。

これで、「〜なさってください」という意味にもなります。

例 ① 하다 する → 하 세요 　なさいます、なさいませ

② 찾다 探す → 찾 으세요 　お探しになります、お探しください

③ 알다 知る、わかる 알 （ㄹが無くなる）→ 아 → 아 세요 （×알세요） 　ご存じです

🌶 この - 시 / 으시 - を過去形にすると、- 셨어요 / 으셨어요 となります。

例 ① 하다 する → 하 셨어요 　なさいました

② 찾다 探す → 찾 으셨어요 　お探しになりました

③ 알다 知る、わかる 알 （ㄹがなくなる）→ 아 → 아 셨어요 （×알셨어요） 　ご存じでした

韓国語は、日本語よりも尊敬の表現が多く使われる傾向があります。そのため、韓国語では尊敬の表現であっても、そのまま日本語に訳すと不自然に感じられる場合もあります。

③のように語幹の最後の ㄹ が無くなるのは、その直後に ㅅ、ㅂ、ㄴ、（パッチムの）ㄹ が来た場合です。動詞や形容詞などを尊敬の表現にする場合は、基本的には語幹に - 시 / 으시 - をつけます。この尊敬の - 시 / 으시 - は、主に上のように使われます。

 1 次の単語につけるのに適切なものに○をつけましょう。

① 오다 　来る 　오 [세요 / 으세요] 　来られます

② 있다 　ある 　있 [세요 / 으세요] 　おありです

③ 기다리다 　待つ 　기다리 [세요 / 으세요] 　お待ちください

④ 앉다 　座る 　앉 [세요 / 으세요] 　おかけになります

 2 次の文を、尊敬の形で訳しましょう。

① どこ行かれますか？

② 何がお好きですか？

③ 時間がありませんか？

④ 大丈夫ですか？

12-2 ～そうです・～のようです・～と思います

「合っていそうです」「行くと思います」のような「～そうです・～のようです・～と思います」などの表現の作り方は、次のようになります。

① 現在連体形
② 過去連体形 ＋ 것 같아요
③ 未来連体形

現在、過去、未来のどの連体形につくかによって、「～するようです」「～したようです」「～しそうです」などのような意味を表します。

例 **웃다** 笑う
① 웃는 것 같아요　笑うようです、笑っているようです【現在】
② 웃은 것 같아요　笑ったようです、笑ったみたいです【過去】
③ 웃을 것 같아요　笑うようです、笑いそうです　　【未来】

 1 次の単語を、日本語文の<u>下線部分</u>にあたる形に活用して〔　　〕に書き込みましょう。

다니다 通う

① 어제까지 매일〔　　　　　〕것 같아요.　昨日まで毎日<u>通った</u>みたいです。　【過去】

② 오늘부터 매일〔　　　　　〕것 같아요.　今日から毎日<u>通っている</u>ようです。【現在】

③ 내일부터 매일〔　　　　　〕것 같아요.　明日から毎日<u>通う</u>ようです。　　【未来】

2 次の文を訳しましょう。

① 雨が降ったみたいです。

② 話が長引きそうです。

③ 明日は時間がなさそうです。

④ 今は部屋に誰もいないようです。

12-3 〜で（手段・方法）

「飛行機で」などのような手段や方法を表す「〜で」という表現の作り方は、次のようになります。

82

単語の最後に

① パッチム **無し** ➡ 로

② パッチム **有り** ➡ 으로

③ 単語の最後が ㄹ ➡ 로

ここが特別！
（パッチムがあるけど、으を挟まない）

例　① 택배　宅配　　택배로　　　宅配で
　　　② 이것　これ　　이것으로　これで
　　　③ 메일　メール　메일로　　　メールで
　　　　　　　（×메일으로）

 練習 1　次の単語につけるのに適切なものに〇をつけましょう。

① 버스 *バス*　　　　버스［로 / 으로］*バスで*

② 전철 *電車*　　　　전철［로 / 으로］*電車で*

③ 택시 *タクシー*　　　택시［로 / 으로］*タクシーで*

④ 그것 *それ*　　　　그것［로 / 으로］*それで*

単語は、各課の
最後にあるよ

練習 2　次の文を訳しましょう。

① 何で作りましたか？

② 日本語で話しました。

③ それはこのアプリでできます。

④ インターネットで検索しました。

まとめ ドリル ♪ 83

1 次の単語を尊敬の表現に活用したものとして適切なものに○をつけましょう。

① 받다　受け取る　받[세요 / 으세요]　お受け取りください

② 보다　見る　보[세요 / 으세요]　ご覧ください

③ 웃다　笑う　웃[셨어요 / 으셨어요]　お笑いになりました

④ 하다　する　하[셨어요 / 으셨어요]　なさいました

⑤ 괜찮다　大丈夫だ　괜찮[셨어요 / 으셨어요]　大丈夫でした

2 日本語文の<u>下線部分</u>にあたる表現を [　] に書き込みましょう。

① 되다　なる　내년에 다시 오게 [　　　　　].　来年にまた来ることに<u>なりそうです</u>。

② 받다　受け取る　연락을 [　　　　　]?　連絡を<u>受け取られましたか</u>？

③ 오다　来る　어서 [　　　　　]　はやく<u>来てください</u>。(←いらっしゃいませ、ようこそ)

④ 행복하다　幸せだ　[　　　　　].　<u>幸せでいらしてください</u>。(←お幸せに)

⑤ 되다　なる　좋은 하루 [　　　　　].　良い一日に<u>おなりください</u>。(←良い一日を)

3 次の文を訳しましょう。

① お元気でいらっしゃいますか？（←こんにちは）

② お元気でお行きください。（←さようなら）【その場から去る人に対して使う】

③ 郵便で送りました。

④ 字幕なしで、全部韓国語で見たいです。

⑤ よく似合いそうです。

72

単語と表現 ♪84

🌶 単語と表現は、日本語訳のアイウエオ順（五十音）
🌶 助詞の一覧は 74 ページ参照

내일	明日	그것	それ
앱	アプリ（어플とも）	그건	それは
비가 오다	雨が降る	괜찮다	大丈夫だ
있다	ある、いる	택시	タクシー
좋은 하루	良い（いい）一日	택배	宅配
가다	行く	아무도	誰も
지금	今	만들다	作る
인터넷	インターネット	전철	電車
받다	受け取る	어디	どこ
보내다	送る	없다	ない、いない
안녕하다	お元気だ、元気だ、安寧だ	길어지다	長引く
안녕히	お元気で、元気に	뭐	何
다니다	通う	되다	なる
한국어	韓国語	어울리다	似合う
어제	昨日	일본어	日本語
오늘	今日	타다	乗る
오다	来る	버스	バス
오게 되다	来ることになる	이야기	話
KTX	KTX（韓国高速鉄道）	말하다	話す
검색하다	検索する	어서	はやく
이	この	비행기	飛行機
이것	これ	부산	プサン
찾다	探す	방	部屋
행복하다	幸せだ	매일	毎日
시간	時間	다시	また、再び
-고 싶어요	～したいです	기다리다	待つ
자막 없이	字幕なしで	보다	見る
알다	知る、わかる	메일	メール
좋아하다	好きだ（～が好きだ:- 를 / 을 좋아하다）	우편	郵便
하다	する	잘	よく
앉다	座る	내년	来年
자리	席	연락	連絡
전부 다	全部	웃다	笑う

 고추先生からのおみやげ ♪85

 새해 복 많이 받으세요. 明けましておめでとうございます。

 좋은 하루 보내세요. 良い一日を。

하루（一日）を週末（週末）や시간（時間）等に入れかえて使うこともできます。

ここまで本当におつかれさまでした！감사합니다！

73

助詞の一覧

パッチムの有無によって形が２つのもの

パッチム有	パッチム無	
－은	－는	～は
－이	－가	～が
－을	－를	～を
－으로　🌶ㄹパッチムには　로がつく	－로	～で（手段・道具・方法）

パッチムの有無に関わらず形が１つのもの

－까지	～まで
－도	～も
－만	～だけ、～ばかり
－보다	～よりも
－부터	～から（時の起点・順序）
－에	～に（時間、場所、単位）
－에게	～に（人に対して使う）　🌶書き言葉的
－에서	～で、～から（場所）
－의	～の　🌶発音は［에］
－하고	～と
－한테	～に（人に対して使う）　🌶話し言葉的

🌶要注意🌶

「의」は、「先生の本」のように所有を表す場合には［의］ではなく［에］と発音されます。そのため、선생님의（先生の）は、［선생니믜］ではなく［선생니메］と発音します。この의は省略されることが多くあります。

助詞は、－에는（～には）、－에도（～にも）、－에게도（～にも）［人・動物］などのように組み合わせて使うこともできます。

不規則な活用をするもの

これまでにみてきた中の、알다、살다、멀다、길다のように語幹の最後がパッチムㄹの場合に、このㄹを取ってから使うケースがありました。ここでは、これをはじめとする、基本形からそのまま活用することができない不規則な活用をするものについてみていきます。

変格活用

ㄹ語幹の用言

ㄹ語幹の用言とは、살다（住む）や길다（長い）のように語幹がㄹで終わる用言のこと。この語幹の直後に、ㅅ、ㅂ、ㄴ、（パッチムの）ㄹが来たときに、語幹末のㄹが脱落します。（＊1の例）

살다　住む

살고 싶어요	住みたいです
삽니다	住みます＊1 [**합니다**体]
사세요	お住みください＊1
사니까	住むので＊1
살아요	住みます [**해요**体]
살고 있어요	住んでいます
살면 어때요？	住んだらどうですか＊2
사십니다	お住まいです＊1
사는 사람	住んでいる人＊1
살았어요	住みました

上の条件でㄹが脱落する他に、-(으)면や-(으)면서のように語幹の最後にパッチムがあるかないかで形が分かれる場合には、パッチムがない場合と同じ扱いをする（＝으を挟まない）点にも要注意。（＊2の例）

例　**살면**　（×살으면）　住めば、住んだら
　　살면서　（×살으면서）　住みながら

🥕ㄹ語幹の用言には、この他に만들다（作る）、알다（知る、わかる）、울다（泣く）、멀다（遠い）、달다（甘い）などがあります。

으語幹の用言

으語幹の用言とは、語幹が母音ーで終わる用言のうち語幹の直後にー아/어が続くと、語幹末のー
が脱落するもののこと。（＊1の例）

기쁘다　嬉しい

기쁘죠	嬉しいでしょう
기쁩니다	嬉しいです ［합니다体］
기쁘세요?	嬉しいですか？（尊敬形）
기뻐요	嬉しいです＊1 ［해요体］
기쁘지 않아요	嬉しくありません
기쁘면	嬉しければ
기쁜 일	嬉しいこと
기뻤어요	嬉しかったです＊1

「예쁘다→예뻐요」、「아프다→아파요」のようにー아/어のどちらがつくのかは、ーの直前の母
音が陽母音（ㅏ、ㅗ）ならー아がつき、陰母音（それ以外のすべて）ならばー어がつきます。語幹
が一文字の場合はー어がつきます。

　例　쓰다　書く → 써요　　크다　大きい → 커요　　など

🌶으語幹の用言には、この他にも슬프다（悲しい）、바쁘다（忙しい）、아프다（痛い）、쓰다（書
　く）、크다（大きい）などが存在します。これと形のよく似た르変格の用言もありますが（例
　모르다、다르다等）、これについては後ほど解説します。

ㅂ変格活用

ㅂ変格活用とは、語幹がㅂで終わる用言で次の表のように活用するもののこと。
語幹がㅂで終わる形容詞のほとんどがこのㅂ変格活用です。語幹を使う活用では基本形から다を取った形を使いますが、語幹に으で始まるものが続く場合には語幹末のパッチムㅂが우に変わります。（＊1の例）語幹に아/어で始まるものが続く場合は語幹末のパッチムㅂが워に変わります。（＊2の例）

基本形	意味	①	②＊1	③＊2
덥다	暑い	덥 –	더우 –	더워 –
어렵다	難しい	어렵 –	어려우 –	어려워 –

춥다　寒い

춥습니다	寒いです ［**합니다**体］
추우**면**	寒いなら＊1
추워요	寒いです ［**해요**体］ ＊2
춥지만	寒いけれど
추우세요?	お寒いですか？＊1
추웠어요	寒かったです＊2

ただし、語幹がㅂで終わるものであっても変格活用ではなく、正格活用（語幹の形が変化しない）するものもある点には注意が必要です。

　例　**좁다**　狭い　など

돕다（手伝う）と곱다（きれいだ）の２つのみは、語幹に아/어で始まる語尾が続く場合は워ではなく와となる点には注意が必要。

　例　**돕다**　手伝う　　　語幹　돕 – ＋으 → 도우 – ＋아/어 → 도와 –
　　　곱다　きれいだ　　語幹　곱 – ＋으 → 고우 – ＋아/어 → 고와 –

ㅂ変格活用の＋으の場合（덥다→더우）を、うっかり더으と書いてしまわないようにご注意ください。

ㄷ 変格活用

ㄷ変格活用とは、語幹がㄷで終わる動詞で次の表のように活用するもののこと。
語幹を使う活用は基本形から다を取った形ですが、語幹+으と語幹+아/어で語幹末のパッチムㄷが ㄹ に変わります（＊1の例）。

基本形	意味	語幹	語幹+으＊1	語幹+아/어＊1
듣다	聞く	듣-	들으-	들어-
걷다	歩く	걷-	걸으-	걸어-

걷다　歩く

걷습니다	歩きます［합니다体］
걸으면	歩くなら＊1
걸어요	歩きます［해요体］＊1
걷고 싶어요	歩きたいです
걸으세요	お歩きください＊1
걸었어요	歩きました＊1

ただし、語幹がㄷで終わる動詞であっても받다（受け取る、もらう）のように変格活用ではなく、正格活用するものがある点には注意が必要です。正格活用の場合には語幹の形が変化することはありません。

ㄷ変格活用の語幹+으と、語幹+아/어で活用した結果出てきたパッチムのㄹ（例 듣다（聞く）→들으세요、들어요）を、ㄹ語幹の用言（例 들다 持つ）と混同してしまう場合がありますので、活用の違いには注意しましょう。ㄹ語幹の用言ではパッチムのㄹが脱落することがありますが、ㄷ変格活用で活用した結果現れたㄹは脱落しません。

르変格活用

르変格活用とは、語幹が르で終わる用言で次の表のように活用するもののこと。
語幹が르で終わる用言の多くがこの르変格活用です。語幹を使う活用と語幹＋으は基本形から다を取った形で結果的に同じ形になりますが、語幹＋아／어では語幹末の르が ㄹ라 または ㄹ러 に変わります（＊1の例）。

基本形	意味	①	②	③＊1
빠르다	速い	빠르 -	빠르 -	빨라 -
모르다	わからない	모르 -	모르 -	몰라 -

빠르다　速い

빠릅니다	速いです［**합니다**体］
빠르면	速いなら
빨라요	速いです［**해요**体］＊1
빠르지만	速いけれど
빠르세요？	お速いですか？（尊敬形）
빨랐어요	速かったです＊1

語幹＋아／어で語幹末の르が ㄹ라 と ㄹ러 のどちらに変わるのかは、語幹末の르の直前の母音が陽母音（ㅏ、ㅗ、ㅑ）であるのか陰母音（ㅏ、ㅗ、ㅑ 以外）であるのかによって決まります。語幹末の르の直前の母音が陽母音なら ㄹ라、陰母音なら ㄹ러 になります。

ただし、語幹が르で終わるものであっても르変格活用ではなく、他の活用に属するものもある点には注意が必要です。

例　따르다　従う【으変】語幹 따르 ＋ 으 → 따르 ＋ 아／어 → 따라
　　푸르다　青い【러変】語幹 푸르 ＋ 으 → 푸르 ＋ 아／어 → 푸르러　など

ㅅ 変格活用

ㅅ変格活用とは、語幹がㅅで終わる用言のうち次の表のように活用するもののこと。
語幹を使う活用は基本形から다を取った形ですが、語幹＋으では語幹末のパッチムのㅅが脱落し、その形に으がつきます（＊1の例）。語幹＋아/어では語幹末のパッチムㅅが脱落し、その形に아または어がつきます（＊2の例）。

基本形	意味	語幹	語幹＋으＊1	語幹＋아/어＊2
낫다	治る	낫-	나으-	나아-
짓다	建てる	짓-	지으-	지어-

짓다　建てる

짓습니다	建てます［합니다体］
지으면	建てれば＊1
지어요	建てます［해요体］＊2
짓지만	建てますが
지으세요	お建てください＊1
지었어요	建てました＊2

語幹＋아/어で아と어のどちらがつくのかは、語幹末の母音が陽母音（ㅏ、ㅗ、ㅑ）であるのか陰母音（ㅏ、ㅗ、ㅑ以外）であるのかによって決まります。語幹末の母音が陽母音なら아、陰母音なら어になります。

🌶ただし、語幹がㅅで終わる動詞であっても変格活用ではなく、正格活用するものがある点には注意が必要です。正格活用の場合には語幹が変化することはありません。

例　웃다　笑う　벗다　脱ぐ　など

ㅎ 変格活用

ㅎ 変格活用とは、語幹末がㅎで終わる形容詞のうち좋다（良い）以外の全てがこれに属します。
語幹を使う活用は語幹そのもの、語幹＋으は語幹末のㅎが無くなった形（＊1の例）、語幹＋아 / 어
は語幹末のㅎが無くなり、更に語幹末の母音が ㅐ に変わります（＊2の例）。

基本形	意味	語幹	語幹＋으 ＊1	語幹＋아 / 어 ＊2
어떻다	どうだ	어떻-	어떠-	어때-
그렇다	そうだ	그렇-	그러-	그래-

어떻다　どうだ

어떻습니까?	どうですか？［합니다体］
어떤	どのような ＊1
어때요?	どうですか？［해요体］＊2
어떻게	どのように
어떠세요?	いかがですか？（尊敬形）＊1
어땠어요?	どうでしたか？＊2

上記のようにㅎ変格活用は形容詞のみに現れますが、語幹末がㅎで終わる形容詞であっても좋다
（良い）だけは正格活用します。更に、語幹末がㅎで終わるものであっても、動詞は正格活用で不規
則に変化しないので、形だけでなく品詞にも注意が必要です。

例　놓다　置く　　語幹 놓- ＋ 으 → 놓으- ＋ 아 / 어 → 놓아-
　　넣다　入れる　語幹 넣- ＋ 으 → 넣으- ＋ 아 / 어 → 넣어-

🌶️ただし、하얗다（白い）の場合は、語幹末の母音 ㅑ が語幹＋아 / 어で ㅐ になります。

러変格活用

러変格活用は이르다（至る、着く）、푸르다（青い）、노르다（黄色い）、누르다（黄色い）の4つだけしかありません。語幹を使う活用と語幹＋으は同じ形ですが、語幹＋아／어では語幹末に러が現れます。（＊1の例）

基本形	意味	語幹を使う活用	語幹＋으	語幹＋아／어＊1
이르다	至る、着く	이르-	이르-	이르러-
푸르다	青い	푸르-	푸르-	푸르러-

上記の4つの単語から派生した単語も러変格活用に含まれますが、まずはこの4つだけを覚えてしまいましょう。

🌶ただし、基本形がよく似た形の単語であっても러変格活用ではなく、他の活用に属するものもある点には注意が必要です。
例えば、上の表にある이르다（至る）には同じ綴りの이르다（早い）がありますが、こちらは르変格活用です（語幹＋아／어→일러-）。
同様に、누르다（黄色い）はここで解説した러変格活用ですが、同じつづりの누르다（押す）は르変格活用です。混同しやすい部分なので是非、意味とあわせて覚えるようにしてください。

러変格活用と混同しやすい으変格活用と르変格活用

러変格活用と混同しやすいのは으変格活用と르変格活用です。表にして活用を見てみましょう。

으変格活用

基本形	意味	語幹	語幹＋으	語幹＋아 / 어＊
따르다	従う	따르 -	따르 -	따라 -
치르다	支払う	치르 -	치르 -	치러 -

르変格活用

基本形	意味	語幹	語幹＋으	語幹＋아 / 어＊
빠르다	速い	빠르 -	빠르 -	빨라 -
모르다	わからない	모르 -	모르 -	몰라 -

よく見ると、全て語幹＋아 / 어での形のみが異なっていますね（＊部分）。これらを今すぐに全てを覚えられなかったとしてもあわてずに、まずは語幹が르で終わっている単語であっても違う活用に属するものがあるということを頭のすみっこに置いておいてください。

山崎玲美奈（やまざき・れみな）
東京外国語大学大学院博士前期課程修了（言語
学）。早稲田大学、上智大学非常勤講師。2019 年
4 月〜9 月、NHK ラジオ「まいにちハングル講
座」講師。2022 年 4 月〜、NHK テレビ「ハング
ルッ！ナビ」講師。

キムチ2　韓国語初中級

検印 廃止	© 2023 年 1 月 30 日　初 版 発 行
著　　者	山崎玲美奈
発 行 者	小川　洋一郎
発 行 所	株式会社　朝 日 出 版 社

101-0065 東京都千代田区西神田 3 - 3 - 5
電話 (03) 3239-0271・72 (直通)
振替口座　東京　00140-2-46008
http://www.asahipress.com/
倉敷印刷

乱丁，落丁本はお取り替えいたします
ISBN978-4-255-55700-7 C1087